本书得到国家自然科学基金青年项目"资本管制放松进程中汇率政策与货币政策协调研究:基于政策可信性的视角"(71403042)资助

金融市场一体化进程中货币政策与汇率制度选择研究

路继业 著

中国社会科学出版社

图书在版编目（CIP）数据

金融市场一体化进程中货币政策与汇率制度选择研究/路继业著．—北京：中国社会科学出版社，2015.5
　ISBN 978-7-5161-6211-8

Ⅰ.①金⋯　Ⅱ.①路⋯　Ⅲ.①货币政策—研究—中国 ②汇率政策—研究—中国　Ⅳ.①F822.0 ②F832.0

中国版本图书馆 CIP 数据核字（2015）第 117576 号

出 版 人	赵剑英
责任编辑	卢小生
特约编辑	林　木
责任校对	周晓东
责任印制	王　超

出　　版	中国社会科学出版社
社　　址	北京鼓楼西大街甲 158 号
邮　　编	100720
网　　址	http://www.csspw.cn
发 行 部	010-84083685
门 市 部	010-84029450
经　　销	新华书店及其他书店
印　　刷	北京市大兴区新魏印刷厂
装　　订	廊坊市广阳区广增装订厂
版　　次	2015 年 5 月第 1 版
印　　次	2015 年 5 月第 1 次印刷
开　　本	710×1000　1/16
印　　张	10.75
插　　页	2
字　　数	179 千字
定　　价	40.00 元

凡购买中国社会科学出版社图书，如有质量问题请与本社发行部联系调换
电话：010-84083683
版权所有　侵权必究

目　　录

第一章　导论 ··· 1
第一节　研究背景及意义 ··· 1
　　一　研究背景 ··· 1
　　二　理论和现实意义 ··· 2
第二节　相关概念界定 ··· 3
　　一　国际金融市场 ··· 3
　　二　新凯恩斯主义 ··· 6
　　三　新政治经济学 ·· 11
第三节　研究思路、方法与本书结构 ·· 12

第二章　文献回顾 ·· 14
第一节　新凯恩斯主义经济学建模特点及其新进展 ································ 14
　　一　新凯恩斯主义经济学建模特点 ·· 14
　　二　新凯恩斯主义经济学的新进展 ·· 16
第二节　基于新凯恩斯主义模型的货币政策研究 ·································· 19
第三节　金融市场一体化对经济运行与货币政策的影响 ···························· 21
　　一　金融市场一体化对经济运行的影响 ·· 21
　　二　金融市场一体化对货币政策的影响 ·· 23

第三章　引入金融市场一体化的新凯恩斯模型：理论与经验检验 ······················ 28
第一节　引言 ·· 28
第二节　基本模型 ·· 30
　　一　消费者与产品市场 ·· 30
　　二　消费者与金融市场 ·· 31

  三 家庭最优 …………………………………………………… 32

  四 厂商最优 …………………………………………………… 35

  五 政府 ………………………………………………………… 36

  六 均衡关系 …………………………………………………… 37

第三节 数值模拟及其结果 ……………………………………………… 37

  一 模型稳态 …………………………………………………… 37

  二 对数线性化 ………………………………………………… 38

  三 非对称性冲击 ……………………………………………… 39

  四 参数赋值 …………………………………………………… 40

  五 货币供给冲击的动态响应及其含义 ……………………… 41

第四节 宏观经济基本运行框架及基于中国数据的检验 ……………… 44

  一 新凯恩斯主义 IS 曲线和菲利普斯曲线 ………………… 45

  二 基于中国数据的检验 ……………………………………… 47

第五节 结论 ……………………………………………………………… 52

第四章 金融市场一体化进程中的货币政策 …………………………… 53

第一节 引言 ……………………………………………………………… 53

  一 货币理论与政策的演变及发展 …………………………… 53

  二 相机抉择与货币政策规则 ………………………………… 55

  三 最优货币规则 ……………………………………………… 56

  四 小结 ………………………………………………………… 57

第二节 金融市场一体化进程中最优货币规则 ………………………… 57

  一 货币政策目标 ……………………………………………… 58

  二 货币政策的约束条件 ……………………………………… 60

  三 相机抉择下的最优货币政策 ……………………………… 61

  四 通货膨胀偏差 ……………………………………………… 62

  五 货币政策可信性与承诺所带来的收益 …………………… 63

  六 小结 ………………………………………………………… 65

第三节 承诺机制：工具规则还是目标规则？ ………………………… 66

  一 工具规则 …………………………………………………… 66

  二 目标规则 …………………………………………………… 67

  三 承诺机制的选择——通货膨胀目标制 …………………… 68

第四节　通货膨胀目标制 …………………………………… 68
　　　第五节　结论 ………………………………………………… 70

第五章　金融市场一体化进程中汇率制度的选择 …………………… 71
　　　第一节　引言 ………………………………………………… 71
　　　第二节　基本模型 …………………………………………… 74
　　　　一　基本假定 ……………………………………………… 75
　　　　二　政策制定者的目标 …………………………………… 75
　　　　三　社会公众的目标 ……………………………………… 78
　　　　四　浮动汇率下政策制定者的福利水平和
　　　　　　社会公众的损失水平 ………………………………… 79
　　　　五　固定汇率下政策制定者的福利水平和
　　　　　　社会公众的损失水平 ………………………………… 80
　　　　六　汇率制度的选择 ……………………………………… 80
　　　　七　小结 …………………………………………………… 81
　　　第三节　基于面板数据的计量检验 ………………………… 81
　　　　一　对不同国家和汇率制度的分类 ……………………… 82
　　　　二　模型的设定与估计结果 ……………………………… 82
　　　　三　对结果的解释 ………………………………………… 87
　　　第四节　结论 ………………………………………………… 87

第六章　中间汇率制度的内在不稳定性 ……………………………… 89
　　　第一节　引言 ………………………………………………… 89
　　　第二节　基本模型 …………………………………………… 93
　　　　一　模型的基本结构 ……………………………………… 93
　　　　二　理性预期下的解 ……………………………………… 95
　　　　三　理论研究的主要结论 ………………………………… 98
　　　　四　理论研究与经验研究的内在联系 …………………… 99
　　　第三节　基于面板VAR模型的经验证据 ………………… 100
　　　　一　数据说明 ……………………………………………… 100
　　　　二　模型设定与估计方法 ………………………………… 103
　　　　三　估计结果与分析 ……………………………………… 103

四　经验研究的主要结论 ……………………………………… 111
　第四节　结论 …………………………………………………………… 113

第七章　货币政策的国际协调 ………………………………………… 115
　第一节　引言 …………………………………………………………… 115
　　一　货币政策国际协调的第一代博弈论模型 ………………… 116
　　二　货币政策国际协调的第二代新凯恩斯主义模型 ………… 117
　第二节　货币政策国际协调的理论分析 ……………………………… 118
　　一　基本模型 …………………………………………………… 118
　　二　基于金融市场一体化条件下的模型扩展 ………………… 119
　　三　金融市场一体化条件下货币政策国际协调
　　　　分析的关键方程 …………………………………………… 122
　　四　货币政策的国际协调 ……………………………………… 122
　　五　小结 ………………………………………………………… 123
　第三节　中国与美国间产品替代弹性的经验研究 …………………… 124
　　一　阿明顿弹性的含义及其数学表达 ………………………… 124
　　二　阿明顿弹性的估计 ………………………………………… 124
　第四节　中国与美国间金融市场一体化的经验研究 ………………… 126
　　一　金融市场一体化程度的度量方法 ………………………… 126
　　二　对中国金融市场一体化的检验 …………………………… 129
　第五节　结论 …………………………………………………………… 134

第八章　主要结论及政策含义 ………………………………………… 136
　第一节　主要结论 ……………………………………………………… 136
　　一　新凯恩斯主义模型及其在中国的适用性 ………………… 136
　　二　关于金融市场一体化进程中最优货币
　　　　政策规则的结论 …………………………………………… 137
　　三　关于金融市场一体化进程中汇率制度选择的结论 ……… 137
　　四　关于中间汇率制度主要特点及其适用条件的结论 ……… 138
　　五　关于金融市场一体化进程中货币政策国际
　　　　协调的结论 ………………………………………………… 139
　第二节　政策含义 ……………………………………………………… 139

第三节　本书的不足与未来可能的研究方向…………………… 140
附录 …………………………………………………………………… 142
　校准和对数线性化简介………………………………………… 142
　新凯恩斯主义菲利普斯曲线推导……………………………… 145
　浮动汇率下最优通货膨胀路径………………………………… 149
　固定汇率下最优通货膨胀路径………………………………… 150
参考文献 ……………………………………………………………… 152

第一章 导论

第一节 研究背景及意义

一 研究背景

经济、金融市场一体化会对一国经济与金融环境产生巨大影响,如使一国生产方式、就业、贸易和资金流动产生巨大改变。货币当局除了尽力维持经济和金融系统的稳定,并不能够对一体化所带来的经济结构变化产生实质影响。然而,为制定有效的货币政策,一国货币当局必须对影响本国经济增长、就业和通货膨胀的国内外因素有充分认识。因此,在经济和金融市场一体化进程中,各国货币当局越来越重视其他经济体通过国际贸易和国际金融市场对本国经济所带来的影响,并有针对性地制定有效的货币政策以维持本国经济稳定增长。

改革开放以来,特别是2001年中国加入世界贸易组织之后,中国经济正逐步融入世界经济运行轨道,全方位、多层次的对外开放格局已基本形成,经济运行方式和宏观经济政策的操作环境发生了巨大变化。尤其是随着国际金融创新和全球经济金融一体化进程的不断加快,一个更为开放的世界经济体系在优化全球资源配置的同时,也在深刻改变各国宏观经济政策的实施环境,使许多国家货币政策制定和操作难度增大,并对传统的货币理论及政策提出了新的挑战(张瀛,2006)。2010年6月19日,中国进一步推进人民币汇率形成机制改革,增强人民币汇率弹性,重在坚持以市场供求为基础,参考"一篮子"货币进行调节。在可预见的未来,中国政府将进一步放宽资本管制和其他各种对金融领域的限制措施,人民币资产和外币资产可以更加快速且低成本地在世界各主要金融市场进行交易和流动,机构投资者和个人投资者可以越来越便捷地在世界各地的金融市场进行投资和融资。这些变化标志着中国进入了金融市场一体化进程快车道，金融市场一体化必然改变中国经济运行方式以及宏观经济政策的制定和执行方式。这些变化都客观上要求我们为新的经济环境下货币政策的制定与执行提供新的、更具针对性的理论框架。

二 理论和现实意义

第二次世界大战后，随着各国产品市场和金融市场一体化进程的不断加快，各国经济被更加紧密地联系在一起，因此，提供基于开放经济下的宏观经济分析框架成为经济理论界研究的新课题。

蒙代尔（Mundell，1963）和弗莱明（Fleming，1962）几乎同时提出在开放经济中且资本可自由流动条件下，一国实行不同汇率制度时财政、货币政策的相对有效性问题。在固定汇率制度下，由于名义汇率为外生变量且外汇储备只能做被动性调整，因此，外汇储备的变化由当前经济状态决定且为内生变量。在这些条件下，财政政策相对有效。在浮动汇率制度下，名义汇率是内生变量而外汇储备为外生变量，因此，扩张性货币政策会引起货币供给增加导致利率下降，从而导致资本外流、名义汇率贬值，这会导致出口增加、进口减少，并最终导致国民收入增加。因此，浮动汇率下货币政策是相对有效的。Dornbusch（1976）提出的汇率超调模型认为，货币扩张会导致汇率短期内过度调整，该理论主要解释了在布雷顿森林体系崩溃后的浮动汇率体系中汇率波动性提高的原因。

20世纪50年代末至70年代，虽然人们对开放经济条件下货币政策有效性进行了大量的分析，但这些理论研究缺乏微观基础，并且没有考虑前瞻性预期对货币政策的影响。理论缺乏微观基础使我们无法对政策的福利效果进行明确分析。卢卡斯（1976）认为，预期在宏观经济模型的许多重要结构方程中都起到了重要的作用，并提出对预期的建模不应是历史经验的函数，社会公众的预期应与经济模型所蕴含的未来经济运行一致。这种对预期的建模方法代表了均衡中各种计划的跨期协调。例如，在均衡状态下，如果行为人对其他人的联合行动决定的经济环境有正确认识，则任何人都没有动力改变其行为，而这一思想是现代经济理论的核心。因此，缺乏微观基础和前瞻性预期是早期开放宏观经济学最重要的不足，而这也是宏观经济学家在此后研究的重点。奥布斯特费尔德和罗戈夫（Obstfeld and Rogoff，1995）为我们提供了具有微观基础和理性预期，并同时考虑了垄断竞争和价格黏性的"新凯恩斯主义"宏观经济模型。

本书的理论意义在于以新凯恩斯主义模型为基础对金融市场一体化进程中中国货币政策选择进行了分析。模型具有微观基础，使货币当局可以对政策的福利效果予以评价，而模型引入前瞻性预期使货币当局通常利用最优货币规则来描述和分析货币政策。

由于新凯恩斯主义模型具有微观基础并且更加逼近经济现实，这使得利用该模型分析货币政策能够得出更有意义的结论，但这些模型都是基于发达国家的经济现实抽象并提炼出来，因此，建立以新凯恩斯主义模型为基础并充分考虑中国经济特征的模型，分析中国在金融市场一体化进程中货币政策所具有的特点并提出更具针对性政策建议具有较高的现实意义。

第二节 相关概念界定

一 国际金融市场

（一）国际金融市场概念的界定

金融市场包括货币市场、资本市场、外汇市场和黄金市场，它可以分为国内金融市场和国际金融市场，因此，金融市场一体化包括国际金融市场一体化和国内金融市场一体化。由于本书主要研究经济开放过程中的货币政策与汇率制度选择问题，因此，这里的金融市场市场一体化特指国际金融市场一体化。

Eijffinger 和 Lemmen（2003）对国际金融市场进行了明确界定，他们使用地理标准和到期时间标准对金融市场加以区分。地理标准将金融市场分为以 A 国货币或 B 国货币计价的在岸金融市场和以 A 国货币或 B 国货币计价的离岸金融市场（亦称欧洲金融市场）。到期时间标准将金融市场划分为提供短期金融资产和长期金融资产交易的市场，短期金融资产在货币市场上进行交易且其到期日通常小于 1 年，长期金融资产在资本市场上交易且其到期日通常超过 1 年。

如果在 A 国生活，则以 B 国货币计价的在岸货币、资本市场和以 A 国及 B 国货币计价的欧洲货币、资本市场对 A 国的人而言就是国际金融市场，原因在于只有跨越本国的（A 国）国界才能在这些市场上进行金融资产的交易。同样，如果在 B 国生活，则以 A 国货币计价的在岸货币、资本市场和以 A 国及 B 国货币计价的欧洲货币、资本市场对 B 国的人而言就是国际金融市场。

表 1-1　　　　　　　　　　金融市场概览

划分标准		地理标准		
		A 国 在岸金融市场	世界 离岸金融市场	B 国 在岸金融市场
到期 时间 标准	短期	以 A 国货币计价的货币市场	以 A 国货币计价的欧洲货币市场	以 B 国货币计价的欧洲货币市场	以 B 国货币计价的货币市场
	长期	以 A 国货币计价的资本市场	以 A 国货币计价的欧洲资本市场	以 B 国货币计价的欧洲资本市场	以 B 国货币计价的资本市场

资料来源：Lemmen 和 Eijffinger（1993）。

（二）国际金融市场一体化定义

迄今为止，对国际金融市场一体化尚无普遍接受的标准和定义，但国内外学者都试图从不同角度对国际金融市场一体化进行定义。

1. 国外学者的研究

弗斯滕伯格（Furstenberg，1998）提出，国际金融市场一体化的定义只有涉及其对经济的福利功能和结果时，它对经济学家才有用。国际金融市场一体化最重要的贡献是，它能够最有效率地使当期和跨期交易机会（由金融服务的成本表示）均等化。对不完全金融市场一体化的分析就是发现那些阻碍这一均等化过程的因素，资本不可完全自由流动只是因素之一。

国际金融市场一体化定义可分为两类：第一类，以国际金融市场一体化相关的必要条件为基础进行定义；第二类，以国际金融市场一体化所带来的结果为基础进行定义。那些讨论国际金融市场一体化必要条件的方法指出，如果没有对国内外金融服务供应商的资本控制和管制、法律与税收歧视，国际金融市场一体化将是完全的。相比较而言，以结果进行定义的方法关注于金融市场一体化的可测试结果，这些可测试结果得自于非时间套利模型（atemporal arbitrage）和跨期最优模型。

国际金融市场一体化要比国际资本自由流动更难达到，因为前者需要金融部门的自由贸易，这是通过跨国提供金融服务和在国外建立分支机构以提供金融服务实现的。瑞士国家银行主席罗斯最近指出，瑞士作为一个国际资本流动十分活跃的国家，它的国内经济很大程度与国际价格联系相背离并且由于卡特尔和政府管制而免予竞争。全球资本流动包括以资产和债务形式出现的外国头寸，这些头寸可能会也可能不会引起净国际资本流动。因此，国际资本流动的阻碍因素一定会妨碍国际金融市场一体化，但没有这些因素也不足以保证国际金融市场一体化的实现。

Eijffinger和Lemmen（2003）提出，完全国际金融市场一体化的含义是，不存在资本控制或/和其他法律、规章和制度上的障碍以妨碍投资者迅速改变其资产组合。当将国际金融市场一体化视为一个过程时，它是一个逐步消除影响国际金融市场一体化各种障碍的过程（Balassa，1962）。在国际金融市场一体化的定义中，资本的流动性和资产的可替代性居于核心。

普拉萨德和罗戈夫（Prasad and Rogoff，2004）认为，金融全球化与金融市场一体化是不同的概念。金融全球化是一个总括概念，指跨境资金流动造成的日益增多的全球联系。金融市场一体化是指一个具体国家与国际资本市场之间联系的日益紧密。

2. 国内学者的研究

郭灿（2005）认为，金融市场一体化是指国家（地区）之间的金融市场相互渗透、相互影响而形成一个联动整体的发展态势。它可以分为两个层次：首先，国家（地区）间的经济主体可以不受任何限制进行金融资产交易活动，即金融资本具有高度的流动性。其次，国家（地区）之间金融资产具有高度的可替代性。金融市场完全一体化时，相同金融工具在不同金融市场上价格（收益）趋于一致，即各市场间套利机会几乎不存在，其数学定义就是套利机会依时间趋于零。

金融市场一体化既可以是一种状态，意指没有任何障碍的极端情形（即只要存在障碍就被视为非一体化或分割）；也可以表示为一种过程，意指资本管制和其他影响一体化程度的制度性壁垒的逐步取消。由于极端情形仅在理论上成立，金融市场一体化通常是指一种介于市场完全一体化和完全分割之间的程度，作为一个整体概念，它是从整体上描述个体市场之间相互开放的程度。

郑栋（2000）认为，以各国金融资产的流动性与替代性为依据，金融一体化分为弱式金融一体化和强式金融一体化。弱式金融一体化是指不存在任何金融资产流动障碍，金融资产具有高度流动性这样一种状态，但允许不同国家间的金融资产不完全替代。强式金融一体化表示不同国家发行的、以不同货币为面值的、同种金融资产的价格完全相同且具有完全替代性。

3. 本书对国际金融市场一体化的定义

本书拟以新凯恩斯主义跨期最优模型和金融市场一体化的结果为基础对国际金融市场一体化进行定义。国际金融市场的存在使国内行为人可以利用国际金融市场上的金融工具进行跨期交易，并且由于本国与外国所遭受的异质性经济冲击，国内行为人可以利用国际金融市场分散其持有资产的风险，其结果是提高了行为人各期收入的稳定性并降低了行为人各期消费的波动性，从而提高了行为人的福利水平。因此，本书将国际金融市场一体化定义为：国际金融市场一体化可以视为一个过程，在这一过程中，行为人以越来越低的成本利用国际金融市场上的金融工具进行消费的风险分担，并降低行为人各期消费水平的波动性，而且随着国际金融市场一体化的完成，各国行为人消费的波动性将最终趋于一致。

二　新凯恩斯主义

（一）宏观经济学的诞生

19世纪，货币经济学作为宏观经济学的一个分支已经存在并发展出一些重要理论观点，如货币数量论（货币供给的增加将最终导致一般物价水平的同比上升）和对实际量与名义量的两分法（实际量在长期内仅由非货币因素决定）。此外，货币政策被视为与管理"银行率"以防止货币当局损失黄金储备有关的技术性问题。货币政策并未被在稳定经济行为（就业和一般物价水平）这一更广泛的经济目标上予以讨论，对货币政策的讨论主要集中于货币本位选择上。

直到20世纪，经济学家才开始系统研究经济波动和稳定化政策。20世纪早期，有关经济波动的研究取得了重大进展，对定期出现的经济周期也提出了许多解释。该时期的经济周期理论家对波动的根源以及如何应对波动都没有达成共识。奥地利学派的影响最大，他们认为经济周期是不可避免的，政府政策无法对其产生影响。剑桥的庇古和罗伯逊（Pigou and Robertson）认为，货币政策无效但公共项目支出的变化对经济周期会产生影响。

20世纪30年代的大危机，使经济学家将注意力从经济周期的动态性转向政府如何才能避免严重的衰退。凯恩斯《通论》的出版对经济学界产生了深刻影响，形成了我们现在所说的宏观经济学。凯恩斯认为，市场机制并不能使经济从衰退中自动恢复,而通过扩大政府预算赤字,增大公共支出的刺激总需求的政策可以使经济复苏。更为重要的是,他为我们提供了一个计算政府支出和税收对经济行为影响的具体数量方法,因而,提供了估计政策干预力度的可能性。

此外,凯恩斯为突出一些重要变量(就业、收入、利率和价格)在给定时点上同时决定,不再强调宏观理论的动态性,理论中不含经济周期的动态性并不说明该理论先进,因此,将静态的凯恩斯理论扩展为动态模型是许多宏观经济学家在20世纪下半叶所做的工作。

(二) 战后宏观经济学的演变与发展

1. 新古典综合学派

由希克斯和萨缪尔森(Hicks and Samuelson)等提出的新古典综合理论认为,凯恩斯理论和新古典一般均衡理论虽然都只部分解释了现实,但都是正确的。在工资和价格有足够时间调整至市场出清的条件下,传统的竞争性一般均衡理论被认为是正确解释了长期内价格和数量的决定机制,因此,自我调节的市场机制是有效的,但市场调整的速度过慢,政府政策的干预可以加速市场的调整。与此同时,凯恩斯理论解释了在工资和价格能够调整之前,经济冲击和政策干预的短期效果。

然而,新古典综合学派(Neoclassical Synthesis)的产生并不意味着理论上的困难最终被解决。它将凯恩斯分析的范围再次明确为工资和价格能够调整之前,这是对极端凯恩斯经济学家观点的重要修正。新古典综合学派使战后凯恩斯经济学家能够宣称宏观经济理论与微观经济理论之间能够相互兼容。

2. 货币主义学派

第一个对凯恩斯理论提出根本性批评的是兴盛于20世纪60年代的货币主义学派(Monetarism),该学派的主要代表是米尔顿·费里德曼、卡尔·布鲁纳和阿伦·梅尔策(Milton Friedman, Karl Brunner and Allan Meltzer)。货币主义者对凯恩斯理论最著名的批评就是其忽略了货币供给的变化也是经济中总支出重要的决定因素,而凯恩斯经济学则过于强调财政政策的作用。

对货币政策有效性的否定还不是凯恩斯经济学最致命的缺陷,但是,凯恩斯认为,货币供给的增加无助于帮助经济走出衰退,尤其是一些教条的凯恩斯主义学者试图一般化这一理论,实际上仅在经济衰退时这一理论才是正确的，因为政府债券的利息率在衰退时期已经很低，因此，银行不愿借出稀缺的银行储备。许多学者认为，货币政策在理论上应能影响总需求，但经济计量的估计结果表明：利率与总支出的关系在统计上并不显著，这就意味着货币政策的效果不明显，因而也就不如财政政策那么重要。货币主义者强调货币中性这一古典假设仅在长期中有效，即货币供给的增加最终会导致价格的同比例上升。但只有总支出的货币价值上升时，价格才能够上升，货币主义者也给出了统计上的证据证明货币供给的变化会改变支出水平，因此，货币也是重要的。

货币主义者对凯恩斯理论更为根本性的批评在于其仅考虑政府政策的短期效果。货币主义者则强调了当工资和价格能够调整至均衡水平时，货币政策的最终影响是什么。货币主义者对长期影响的分析表明不断刺激总需求最终会导致通货膨胀，并且除了在短期内，政府的需求管理政策不能影响实际收入和就业。这就导致了对"微调"的需求管理政策的质疑，而强调在长期内维持低通货膨胀的重要性。

货币主义者对长期影响的关注很大程度是因为在一些重要的结构方程中预期都发挥着重要作用。凯恩斯《通论》的许多章节也承认预期的重要性，但由于其理论是分析短期内宏观经济的运行，因而他的模型中都假定在某一时刻公众的预期是给定的。相反，货币主义者的分析考虑了预期随时间的变化，这使得经济能最终调整至新古典理论所描述的竞争性均衡的位置，因此，货币主义者是最早将预期如何对经验做出调整并明确引入宏观经济分析中。

货币主义者对第二次世界大战后凯恩斯主义观点的批评具有很大的影响力，至20世纪70年代中期，货币主义者的观点成为新的主流观点。货币政策所具有的重要性也被大部分人所接受，倡导执行稳定化政策的人们也都会将货币政策作为其重要的政策工具。此外，货币主义者强调政策的长期效果也是对凯恩斯主义分析的重要补充。

3. 理性预期与新古典宏观经济学

将"理性预期概念"引入宏观经济理论，对凯恩斯宏观经济学形成了第二次冲击，这一工作是由卢卡斯和萨金特在20世纪70年代早期共同完成的。他们认为，预期在宏观经济模型的许多重要结构方程中起到了重要作用，并提出，对预期的建模不应是历史经验的函数，社会公众的预期应与经济模型所蕴含的未来经济运行一致。这种对预期的建模方法代表了均衡中各种计划的跨期协调。例如，在均衡状态下，如果行为人对其他人的联合行动决定的经济环境有正确认识，则任何人都没有动力改变其行为，而这一思想是现代经济理论的核心。

更一般地说，"新古典宏观经济学"（New Classical Macroeconomics）提出应为宏观经济模型中的结构方程提供基于个人最优选择的微观基础。卢卡斯和萨金特提出，宏观经济模型中的方程应得自于最优化行为，而这就自然需要利用动态优化的技术，也就使预期在模型中的作用更加重要。

新古典宏观经济学模型实际上将现代跨期一般均衡理论引入宏观经济模型之中。一般均衡模型与凯恩斯宏观经济模型最大的不同在于市场是完全竞争且立即出清的。新古典宏观经济学模型认为由货币不稳定对经济行为所带来的影响并不是工资和价格不能立即调整并使市场出清所带来的，而是生产者对经济总体状态的不完全信息所导致。

在对凯恩斯理论提出批评的同时，新古典宏观经济学也对凯恩斯经济学用于政策评价的宏观经济计量模型的微观基础提出了质疑。卢卡斯认为，这些宏观经济计量模型并没有识别出经济中真正的结构关系。由于公众的行为依赖于其对通货膨胀、收入、利率等变量未来变化的预期，因此，经济政策的执行方式发生变化时仍假定一些结构方程不变是不合理的。

与货币主义学派一样，新古典宏观经济学对宏观经济学产生了深刻的影响。由于认识到行为人经济行为是前瞻性的，因此，在制定财政和货币政策时必须考虑政策对预期的影响。

新古典宏观经济学对政策制定者有关就业和通货膨胀之间权衡关系的认识也产生重要影响。由于社会公众认识到政策制定者会利用短期菲利普斯曲线所蕴含的就业与产出的权衡关系制定并执行通胀性货币政策，社会公众预期的变化会使政策制定者无法从其政策中获益。新古典宏观经济学更进一步发现，即使央行对私人部门预期的决定因素有正确认识，缺乏可信性的央行政策只能获得次优的结果。私人部门与政府协调失败理论上的分析对20世纪70年代政策制定者所面对的政策困境给予了解释。该模型指出，为避免这一政策困境，政策制定者应严格控制通货膨胀。在实践中，尽管通货膨胀和经济行为存在短期权衡关系，货币当局将控制通货膨胀作为其基本目标并建立反通胀的声誉十分重要。

4. 真实经济周期理论

基德兰、普雷斯科特和普莱泽（Kydland，Prescott and Plosser）在 20 世纪 80 年代创立的真实经济周期理论（Real Business Cycle Theory，RBC）是对凯恩斯宏观经济学最近的批评。该理论认为，经济周期的存在并不是市场机制的失败，而是经济对外生生产率冲击的最优反应。真实经济周期认为，货币政策对经济没有任何影响，因此，该理论认为，19 世纪货币理论所提出的"古典二分法"即使在短期内也成立。

RBC 为理论分析和经验检验都提供了新的方法，该理论证明，经济周期模型完全可以建立在跨期一般均衡模型上，更为重要的是，该方法给出了如何使模型数量化的方法，并强调对模型中参数的赋值和对模型中方程数值解的计算，而此前的方法仅满足于从一般性的假设中得出定性的结论。RBC 模型是一个定量模型，虽然它对经济中的许多细节予以抽象，但对经济的运行进行了认真描述，模型中参数值是以真实经济相关部分为基础得出，模型能够对未来做出定量的预测，这一方法利用了有关参数实际值的其他信息，而不仅关注哪个参数值能对经济周期做出最好的预测。

RBC 理论对供给决策的建模也产生了重要影响，而供给决策是动态宏观经济学的重要议题。20 世纪四五十年代的凯恩斯模型都忽略了供给方面（供给对需求变化的反应是无弹性的），之后宏观经济学的重大进展都包括对总供给决定因素的分析。货币主义和新古典宏观经济学都对总供给的分析做出了贡献。但他们所关心的是价格变化（通货膨胀预期的变化）在短期内如何使实际产出与潜在产出（工资和价格具有灵活性，且在理性预期条件下，经济所能达到的产出）发生偏离。这些学派仍接受凯恩斯经济学对经济周期的定义，即实际产出对潜在产出的偏离，并假定经济的潜在产出是不变的。RBC 理论则不同，它假定实际产出永远等于潜在产出，并将注意力集中于对潜在产出变化产生影响的因素的建模。

（三）新凯恩斯主义经济学

20 世纪 90 年代被认为是"新凯恩斯主义"快速发展的时期，该学派将 RBC 理论与 20 世纪 80 年代的"新凯恩斯"模型相结合。新凯恩斯主义经济学（New Keynesianism Economics）试图消除微观经济学与宏观经济学方法上的不同。新凯恩斯主义在方法上采用 RBC 的动态随机一般均衡模型（DSGE），并假定市场是不完全竞争的且工资和价格存在黏性，同时对最优工资和最优价格决策的影响因素进行了详细建模。

新凯恩斯主义模型借鉴了凯恩斯经济学和古典经济学观点并将它们融入一个完整模型。但是，新凯恩斯主义并不是将凯恩斯理论作为解释短期内经济运行而将一般均衡理论解释长期内经济运行的理论。该理论用 RBC 解释潜在产出变化，而价格和工资的滞后调整导致了实际产出对潜在产出的暂时偏离。此外，工资和价格的调整过程也被明确地反映于模型中。

在新凯恩斯主义模型中，真实冲击是经济短期波动的根源；相反，货币主义和新古典宏观经济学认为经济波动是由变化无常的货币政策引起。最近的经济计量研究表明，货币政策冲击对经济行为波动性的影响很小。因此，正如 RBC 模型所证明的，经济波动是由真实冲击引起的。但这并不意味着经济波动和货币政策不相关，由于工资和价格调整的滞后性，真实冲击通常使经济运行无效率，并且无效率的程度依赖于货币政策对真实冲击作何反应。因此，积极的货币政策能够减轻工资和价格无法对真实冲击及时做出调整所带来的扭曲。

三 新政治经济学

本书试图以利益不一致性为核心的新政治经济学分析框架这一新的研究视角，对货币政策时间不一致性问题以及汇率制度选择的理论建模进行系统研究。现实世界的经济政策，不是由蛰居在教科书中的长生不老的仁慈社会计划者——他不受利益冲突的个人影响，而只在那里计算最优政策——所选定的，经济政策是平衡利益冲突，从而产生集体选择决策过程的结果。因此，政策制定者通常具有自身特殊且不同于社会公众的目标函数，这会对最优政策选择与经济运行产生重要影响。事实上，至少从重农主义、亚当·斯密的《国民财富的性质和原因的研究》，起码到 1848 年的约翰·斯图亚特·穆勒发表《政治经济学原理》为止，我们今天称为"经济学"的内容，实际上在当时一般被称为"政治经济学"。这一术语实际反映了古典经济学十分强调政治力量对经济结果具有决定性的影响，而边际学派与新古典经济学的发展，强调在严密定义的约束条件和市场环境制约下的消费者和企业的最优化，处心积虑淡化政治因素对经济结果的影响。事实上，自 20 世纪 90 年代中期以来在西方快速兴起的新政治经济学，以政府与社会公众以及社会公众中不同集团的利益不一致性为基础，运用现代经济学分析方法，将现实世界中普遍存在而又被主流经济学一度忽视的政治因素纳入研究范围，考察它们对经济结果的影响，内生化了政府的经济政策，增强了理论的洞察性和解释力。

第三节　研究思路、方法与本书结构

本书以新凯恩斯主义经济学模型和新政治经济学模型为基础，对中国金融市场一体化进程中货币政策与汇率制度选择选择进行了较为详细分析。

由于新凯恩斯主义模型中的行为人具有理性预期，这使得货币当局任何利用扩张性货币政策以刺激经济的政策意图均会被社会公众认识到，因此，扩张性货币政策只能导致通货膨胀被系统性提高，而产出未被系统性提高，这与货币当局实行扩张性货币政策的初衷相悖。在金融市场一体化程度不断提高过程中，社会公众不仅具有理性预期，而且将拥有越来越多的市场工具以避免扩张性货币政策对自身利益的损害（如可以迅速且低成本地将财富在本、外币资产间进行转换）。综上所述，基于新凯恩斯主义模型和金融市场一体化程度不断提高前提下，一国货币当局货币政策的可信性是影响该国货币政策能否有效调控经济、纠正市场均衡中的扭曲，以实现经济稳定运行的重要影响因素。

同时，汇率制度选择与货币政策可信性和有效性之间具有密切联系，关键在于政府与社会公众之间的利益不一致性，只要在研究中纳入利益不一致性，理论的解释力就会极大增强。因此，本书通过新政治经济学的建模方法，将利益不一致性这一现实世界中一个十分重要而又被主流经济学所忽视的问题引入对汇率制度选择的分析。研究发现，在政府和货币当局与社会公众间存在利益不一致，相互之间进行理性博弈条件下，政府政策的选择实质是理性人之间策略互动作用的一个均衡结果。如果政府想要得到使福利最大化的特定结果，就须对自己的政策选择施加有效的制度约束，例如选择固定汇率制度，制定货币规则，增强央行独立性以及任命保守的央行行长等。因此，固定汇率制度之所以在许多发展中国家得到坚持并取得成功，中间汇率制度之所以在新兴市场经济国家中具有不稳定性，浮动汇率制度之所以使不少发达国家受益，关键并不在于汇率制度本身，而在于面对理性预期的社会公众时政府实施特定汇率制度货币政策的可信性。

　　基于上面的分析，本书的研究思路和研究方法为：以货币政策可信性为核心，以新凯恩斯主义经济学模型和新政治经济学模型为基本研究工具，系统研究中国在金融市场一体化进程中货币政策规则选择、汇率制度选择以及货币政策国际协调等问题；研究中运用了动态优化、数值模拟和经济计量学等方法。

　　本书第二章是文献回顾，分别从三个方面对相关研究进行了回顾：新凯恩斯主义经济学的建模特点及其最新进展；基于新凯恩斯主义模型对货币政策进行的相关研究；金融市场一体化对经济运行与货币政策影响的相关研究。第三章是引入金融市场一体化的新凯恩斯模型：理论与经验检验，本章建立了一个基于新凯恩斯主义的开放经济条件下且考虑金融市场一体化进程的宏观经济模型，并通过理论分析和经验验证发现，中国宏观经济运行已体现出新凯恩斯主义模型特征，本章所提供的基本模型能较好描述中国宏观经济运行的特征。第四章是金融市场一体化进程中的货币政策，本章基于第三章所提供的理论框架分析并认为，在金融市场一体化程度不断深化的进程中，中国应通过建立通货膨胀目标制这一货币规则来建立货币政策可信性，从而提高货币政策绩效。第五章是金融市场一体化进程中汇率制度的选择，本章认为，在那些经济封闭、发展相对落后且与国际金融市场联系较少的发展中国家，可以通过盯住某一低通胀货币以建立自身货币政策的可信性，从而提高货币政策的经济绩效，随着一国金融市场一体化程度的提高，它会从向更为灵活的汇率制度的转变中获益。第六章是中间汇率制度的内在不稳定性，本章认为，中间汇率制度在一定条件下确实能够长期存在并维持较高经济绩效，但是，中间汇率制度具有内在不稳定性，其内在根源是政策制定者与社会公众之间目标存在差异性，外部诱因是经济遭受冲击的性质与强度，两者共同决定了中间汇率制度不稳定性程度。第七章是货币政策的国际协调，本章通过大量理论研究和经验研究发现，货币政策的国际协调目前还不是中国货币当局在制定货币政策时需重点考虑的问题，但随着中国金融市场一体化进程的不断加快以及中美之间贸易结构的变化（产品的替代性增强），两国货币政策的溢出效应会不断增强，货币政策的国际协调最终将成为中国货币当局不得不认真予以考虑的问题。第八章是主要结论和政策含义。

第二章 文献回顾

第一节 新凯恩斯主义经济学建模特点及其新进展

奥布斯特费尔德和罗戈夫（1995）建立了开放经济条件下具有微观基础、垄断竞争和理性预期的动态一般均衡模型，这篇文献开辟了新凯恩斯主义经济学新领域，创立了"新开放宏观经济学"。

一 新凯恩斯主义经济学建模特点

奥布斯特费尔德和罗戈夫（1995）认为世界由连续且相互独立的生产者组成，用 $z \in [0,1]$ 表示，每个生产者生产一种有差异且易腐烂的商品。本国生产者由 $[0,n]$ 构成，其余的 $(n,1)$ 居住于国外。世界上每个行为人都有相似偏好，即对消费指数、实际货币余额和投入生产的劳动数量有相同偏好结构，其福利函数为：

$$U_t = \sum_{s=t}^{\infty} \beta^{s-t} \left[\frac{\delta}{\delta-1} C_s^{\frac{\delta-1}{\delta}} + \frac{\chi}{1-\varepsilon} \left(\frac{M_s}{P_s}\right)^{1-\varepsilon} - \frac{\kappa}{\mu} y_s(z)^\mu \right] \quad (2.1)$$

给定效用函数，国内居民在时期 t 对产品 z 的需求为：

$$c_t(z) = \left[\frac{p_t(z)}{P_t}\right]^{-\theta} C_t \quad (2.2)$$

$c_t(z)$ 为个人对商品 z 的消费，效用函数中消费指数由下式给出，

$$C = \left[\int_0^1 c(z)^{\frac{\theta-1}{\theta}} dz\right]^{\frac{\theta}{\theta-1}} \quad (2.3)$$

国家间的贸易没有障碍或成本，E 为名义汇率，定义为外币的本币价格。$p(z)$ 为商品 z 的本币价格，$p^*(z)$ 为相同商品的外币价格。假定一价定律（PPP）对所有商品都成立，即：

$$p(z) = Ep^*(z) \tag{2.4}$$

本国价格指数为：

$$P = \left[\int_0^1 p(z)^{1-\theta}dz\right]^{\frac{1}{1-\theta}} = \left[\int_0^n p(z)^{1-\theta}dz + \int_n^1 Ep^*(z)^{1-\theta}dz\right]^{\frac{1}{1-\theta}} \tag{2.5}$$

由于两国居民具有相似的偏好，式（2.4）便蕴含着：

$$P = EP^* \tag{2.6}$$

资本市场是完全一体化的，两国居民可在该市场进行借贷，唯一可交易的资产是以复合消费品（composite consumption good）计价的实际债券。r_t 为债券在时期 t 与 $t+1$ 间的实际利率，F_t 和 M_t 为国内居民在 $t+1$ 期开始时持有的债券和货币数量，一国居民仅持有本币时获得效用，则居民 z 跨期预算约束为：

$$P_t F_t + M_t = P_t(1+r_{t-1})F_{t-1} + M_{t-1} + p_t(z)y_t(z) - P_t C_t - P_t T_t \tag{2.7}$$

$y_t(z)$ 为居民 z 的产出，T 为实际税收（存在货币转移支付时，T 为负）。

假定两国政府购买消费品并不直接影响个人效用，本国政府的实际消费支出 G 是政府对每种产品消费 $g(z)$ 的函数，即：

$$G = \left[\int_0^1 g(z)^{\frac{\theta-1}{\theta}}dz\right]^{\frac{\theta}{\theta-1}} \tag{2.8}$$

假定政府通过税收和铸币税为其支出融资：

$$G_t = T_t + \frac{M_t - M_{t-1}}{P_t}, \quad G_t^* = T_t^* + \frac{M_t^* - M_{t-1}^*}{P_t^*} \tag{2.9}$$

假定政府在做支出决策时将生产者价格视为给定，则产品 z 的生产者在时期 t 所面临的私人部门和政府对其产品的需求为：

$$y_t^d(z) = \left[\frac{p_t(z)}{P_t}\right]^{-\theta}(C_t^w + G_t^w) \tag{2.10}$$

世界私人消费需求为：

$$C_t^w \equiv nC_t + (1-n)C_t^* \tag{2.11}$$

政府消费需求为：

$$G_t^w = nG_t + (1-n)G_t^* \tag{2.12}$$

将本币在时期 t 的名义利率定义为 i_t：

$$1 + i_t = \frac{P_{t+1}}{P_t}(1 + r_t) \tag{2.13}$$

由于式（2.6）成立，实际利率相等蕴含着非套补利率平价的成立：

$$1 + i_t = \frac{E_{t+1}}{E_t}(1 + i_t^*) \tag{2.14}$$

个人最大化的一阶条件为：

$$C_{t+1} = \beta(1 + r_t)C_t \tag{2.15}$$

$$C_{t+1}^* = \beta(1 + r_t)C_t^* \tag{2.16}$$

$$\frac{M_t}{P_t} = \left[\chi C_t \left(\frac{1 + i_t}{i_t}\right)\right]^{1/\varepsilon} \tag{2.17}$$

$$\frac{M_t^*}{P_t^*} = \left[\chi C_t^* \left(\frac{1 + i_t^*}{i_t^*}\right)\right]^{1/\varepsilon} \tag{2.18}$$

$$y_t(z)^{\frac{(\theta+1)}{\theta}} = \left(\frac{\theta - 1}{\theta\kappa}\right)C_t^{-1}(C_t^w + G_t^w)^{\frac{1}{\theta}} \tag{2.19}$$

$$y_t^*(z)^{\frac{(\theta+1)}{\theta}} = \left(\frac{\theta - 1}{\theta\kappa}\right)C_t^{*-1}(C_t^w + G_t^w)^{\frac{1}{\theta}} \tag{2.20}$$

式（2.15）和式（2.16）是标准的消费欧拉方程。货币市场均衡条件式（2.17）和式（2.18）表明，复合消费品与实际货币余额所提供服务的边际替代率等于持有实际货币余额带来的消费机会成本。货币需求依赖于消费而非收入，这一差别在开放经济中更为重要。式（2.19）、式（2.20）表明，多生产一单位产品带来的额外收入的边际效用与生产该产品所投入劳动的边际负效用相等。

二 新凯恩斯主义经济学的新进展

自奥布斯特费尔德和罗戈夫模型（1995）发表以来，新凯恩斯主义经济学家对该模型进行了各种各样的补充和修正，使该模型内容更为丰富且更加逼近经济现实，其主要进展如下。

（一）对偏好的修正

1. 消费偏好

Svensson 和 Wijnbergen（1989）认为，国内外产品的替代性是有限的，沃诺克（Warnock，1998）在奥布斯特费尔德和罗戈夫模型（1995）的基础上引入了"家乡情结"（home bias），即假定国内生产的产品在国内居民的消费指数中占有更大的权重。由于"家乡情结"的存在，国内货币冲击对国内居民影响更大，国内居民从国内产出扩张中获益也更多。

同时，财富的跨国转移影响实际汇率且国内外实际利率存在差异，汇率会因永久性货币冲击而出现超调。

2. 货币需求的消费弹性

在奥布斯特费尔德和罗戈夫（1995）模型中，货币需求的消费弹性不能影响汇率的波动性。在购买力平价成立条件下，各国的实际利率相同且消费增长率也相同，这意味着货币政策冲击不会引起汇率超调，即名义汇率的波动性等于货币冲击的波动性。

在生产者货币定价（producer currency pricing）条件下，每个国家面对相同的实际利率，消费增长率也一样，这时汇率不会发生超调。奥布斯特费尔德和罗戈夫（1996）在引入非贸易品情况下，货币需求的消费弹性就成为导致汇率超调现象的重要参数。非贸易品的存在减弱了汇率对两国相对价格的调整，当货币需求的消费弹性较小时，个人所持有的最优货币余额就会位于一个较低水平，从而使本国货币需求不足造成本币短期内过度贬值。

在当地货币定价（local currency pricing）条件下，一价法则不再成立，货币需求的消费弹性也就成为影响汇率波动的重要参数。贝茨和德弗罗（Betts and Devereux，2000）假定两国借贷市场上名义利率相等，当发生冲击时，对一价法则的偏离使国际借贷市场出现套利。这样，货币需求的消费弹性就会影响利率波动的幅度，和多恩布希（Dornbusch，1976）超调模型类似，利率平价条件要求汇率和利率同时波动，这样汇率波动就和货币需求的消费弹性呈负相关，当货币需求的消费弹性小于 1 时，汇率超调；当货币需求的消费弹性太大时，汇率调整不足。但如果国际借贷市场上实际利率相等，货币需求的消费弹性就不会影响汇率波动的幅度，此时汇率超调的程度只与实行 LCP 厂商的比例有关。

（二）市场分割与市场定价

由于国际贸易中总存在一些障碍和壁垒，所以出口商就可以在不同的市场中实行价格歧视，这样，把国际市场分割和市场定价引入标准模型也成为一种有意义的探讨。

奥布斯特费尔德和罗戈夫（1995）假定一价定律对所有产品都成立，但大部分汇率都表现出对购买力平价长期且大幅度偏离。虽然引入非贸易品允许模型中汇率对 PPP 的偏离，但贸易品对一价定律的偏离是实际汇率波动的主要原因。基于此，许多学者开始研究不同的定价结构（pricing structure)。雷杜克斯（Redux）模型假定企业均以卖方货币定价，即生产者货币定价（PCP）。贝茨和德弗罗（2000）假定有一定比例的企业以买方货币定价，或称为当地货币定价（LCP）。模型化 LCP 假定的方法如下，假定有比例为 s 的外国企业以当地货币定价，并用 $\bar{p}$ 表示价格是固定的，则价格指数为：

$$P = \left[\int_0^n \bar{p}(z)^{1-\theta} dz + \int_n^{n+(1-n)s} \bar{p}^*(z)^{1-\theta} dz + \int_{n+(1-n)s}^1 e\,\bar{p}^*(z)^{1-\theta} dz \right]^{\frac{1}{1-\theta}}$$

(2.21)

为便于理解两种定价方式含义，可以对完全生产者货币定价（$s=0$）与完全当地货币定价（$s=1$）进行比较。在完全生产者货币定价条件下，汇率的变化对进口商品价格具有完全的"穿透效应"（pass-through effect）。汇率的升值会使进口商品的相对价格升高，并因此降低进口商品的需求，增加对国内产品的需求。而在完全当地货币定价条件下，汇率变化对进口商品的价格没有"穿透效应"，在短期内，价格指数不受汇率变化的影响。因此，汇率变化不会影响进口商品的相对需求，当经济遭受冲击时，汇率变化也不能平衡需求。部分 LCP 会导致名义汇率波动幅度的增加，这是因为只有汇率波动幅度增大才能影响进口商品的相对价格，并因此平衡对进口商品的需求。

（三）资本

在雷杜克斯模型中，劳动是唯一的投入要素。由于短期内产出是由需求决定的，这一将供给面简化处理的模型会使问题变得更易处理。但 Chari（1998）提出，在模型中加入资本是十分重要的，因为货币冲击会降低短期利率，从而导致投资的增加。这意味着货币冲击会导致经常账户赤字而非雷杜克斯模型所预测的盈余。值得一提的是，投资增加会提高当期的劳动供给，因此，货币冲击的持续性被减弱了。贝茨和德弗罗（1996，1999）论述了投资在货币冲击传播中的作用。

（四）黏性信息

曼基夫和赖斯（Mankiw and Reis，2002）提出了"黏性信息模型"，该理论认为，宏观经济环境的信息在人群中的扩散是缓慢的，并非所有人都是根据当前的真实信息形成预期，并在此基础上进行定价决策。企业预期是建立在其现有信息集上，但其信息集的更新并不是连续的，那么，企业将基于原来的信息集形成宏观经济预期,并以此为基础做出最优定价。黏性信息假设将导致通货膨胀所依赖的预期不仅仅是对未来的理性预期,还包括滞后的信息集所引起的滞后预期,黏性信息理论认为这是导致通货膨胀惯性的原因所在。

第二节 基于新凯恩斯主义模型的货币政策研究

20世纪90年代中后期以来,新凯恩斯主义模型成为货币政策分析的标准模型。这些模型在具有严格微观基础的动态随机一般均衡模型中加入名义黏性,从而在丰富货币理论的同时也使该领域的研究与财政政策、经济增长等其他宏观领域的研究方法更为一致(张广现,2006)。相对于传统的 IS—LM 模型分析方法而言,新凯恩斯主义模型分析货币政策的方法有三大优势:一是方法先进,其特点是引进真实经济周期理论的动态一般均衡模型来进行货币政策分析,总量行为方程由家庭和企业的最优化行为导出,这样使货币政策的分析具有微观基础,而传统的 IS—LM 模型则缺乏微观基础。二是经济主体的当前经济行为取决于对未来货币政策的预期及当前拥有的货币政策信息。三是模型具有一般性,可以在不同情况下得到不同的结论,比如,在灵活价格条件下,经济周期动态如同真实经济周期模型,货币政策只影响名义变量,而在名义价格刚性下货币政策会影响短期产出(李春吉,2004)。正如麦卡卢姆(McCallum,1997)所强调的,制定货币政策最大的障碍就是无法对宏观经济的运行方式有充分的了解,而新凯恩斯主义模型是基于家庭和企业最优化基础上,并且融入垄断竞争、价格黏性和理性预期,这使得该模型能较好地反映现实经济的运行状况,为我们进行政策分析与制定提供较好的理论基准。利用新凯恩斯主义模型进行货币政策研究还可以对不同政策进行明确的福利分析。

克拉里达(Clarida,1999)提出,基于新凯恩斯主义模型对货币政策进行分析的核心是新凯恩斯主义 IS 曲线和菲利普斯曲线。IS 曲线代表经济中的总需求,是求解家庭最优化问题中所得的消费欧拉方程,在该方程中,当期产出取决于下一期的预期产出和当期实际利率。新凯恩斯主义菲利普斯曲线具有明确的最优化基础,从而和宏观经济学的发展方向相一致，并能采用校准方法估计参数的具体值，新凯恩斯主义菲利普斯曲线引入了动态形式的名义黏性，合理解释了通货膨胀的福利成本，说明了通货膨胀稳定的重要性，为通货膨胀目标制定提供了直接理论基础。新凯恩斯主义菲利普斯曲线中包含有前瞻性预期变量，这使得系统性的货币政策通过影响社会公众的预期而具有实际效应，不仅使货币政策的分析与现实相符合，也更明确说明了预期管理在货币政策操作中的重要性，更明确说明了相机抉择下存在的稳定性偏差问题，从而进一步支持了依规则制定货币政策的优势。

克拉里达（2002）指出，奥布斯特费尔德和罗戈夫（1995、1996）所采用的一期价格黏性的方法排除了货币政策对实际利率和产出偏差的长期影响。因为所有商品的价格能够在冲击发生的后一期无成本地进行调整，所以，通货膨胀预期能够使实际利率不受货币政策影响，并且两国经济都能直接跳到弹性价格均衡状态，从而不会产生由货币政策行为造成的长期产出缺口。克拉里达（2002）采用卡尔沃（Calvo，1983）交错价格设定方法后，其理论结论的一个重要特点是：价格黏性的存在使中央银行能够对实际利率进行长期调控，从而能长期影响其他实际经济变量。这种分析方法丰富了价格的动态行为，有利于分析开放经济中的利率政策，但是，忽视了价格调整过程中的惯性，即没有考虑历史的定价行为对最优价格设定的影响。所以，王胜（2006）提出了兼顾未来生产成本的前瞻性定价和考虑历史定价行为的后顾性定价的两种价格调整方式，从而使价格的动态行为更接近现实情况。这一方面有利于分析开放经济中的利率政策，另一方面包含了更加接近现实的、长期的货币政策效果。此时，最优利率的设定不仅受到国内通货膨胀、产出缺口的影响，而且还和国外产出波动的情况相关。

桑切斯（Sanchez，2005）提出，包含名义价格黏性是新凯恩斯主义模型最重要的特点，货币政策通过改变名义利率，可以有效地影响短期实际利率，并因而在短期内影响实体经济。在这一框架中，名义利率而非货币供给被用作货币政策工具。Bernanke 和 Mihov（1998）的经验研究已经证明使用利率作为货币政策工具能够更好地描述货币政策。克拉里达、加利和格特勒（Clarida，Gali and Gertler，1999）证明，如果将货币供给作为货币政策工具，则对货币需求无法观测的冲击会导致利率大幅度波动。将名义利率作为货币政策工具，则模型中不必包括货币需求方程。麦卡卢姆和纳尔逊（Nelson，1999）指出，在新凯恩斯主义模型中，资本存量的内生变化通常被忽略，在短期经济周期分析中忽略资本的损失很小。因此，在新凯恩斯主义宏观经济学框架中，货币政策的制定和执行就是决定利率如何根据当前经济状态做出反应。

第三节 金融市场一体化对经济运行与货币政策的影响

金融市场一体化对经济和金融环境产生了巨大影响，并对货币政策的制定和执行也产生了影响。数十年来的全球经济一体化改变了各国的经济结构，使其生产、就业、贸易和资金流动的方式都发生了改变。货币政策只能影响经济和金融的稳定性，但其对这些结构变化影响能力有限。然而，为制定有效的货币政策，各国货币当局必须尽可能地充分了解决定其经济增长、就业和通货膨胀的因素，而不论这些因素源自国内还是国外。

一　金融市场一体化对经济运行的影响

（一）金融市场一体化对发展中国家经济增长的影响

普拉萨德和罗戈夫（2004）提出，金融全球化和金融市场一体化通过若干直接渠道和间接渠道促进发展中国家的经济增长。

1. 直接渠道

（1）增加国内储蓄。原则上，北南资本流动使双方受益，为资本贫乏的国家提供更多的投资，而为资本富裕国家的投资者提供国内所不具备的较高资本回报率，并且有效降低发展中国家的无风险利率。

（2）通过更有效的全球风险配置而降低资本成本。首先，外国和本国投资者之间风险分担机会的增加有助于分散风险；其次，增强的分散风险能力能够鼓励企业增加总投资，从而促进经济增长；最后，随着资本流动增加，国内股市流动性将增加，可以进一步降低股权风险溢价，从而降低筹资成本。

（3）技术和管理技能的转移。金融市场一体化程度较高的经济体吸收绝大部分外国直接投资，而外国直接投资可能推动技术扩散以及良好管理实践的推广，这样的"溢出效应"能够提高总体生产率，从而推动经济增长。

（4）刺激国内金融部门的发展。首先，外国银行的参与有助于一国利用国际金融市场；其次，外国银行的参与有助于改进国内银行业的监管和监督框架；最后，外国银行经常引入许多新的金融产品和技术，同时推动国内市场的技术改进。外国银行的参与通常导致竞争加剧，从而改进国内金融服务的质量，提高资金的配置效率。

2. 间接渠道

（1）促进专业化分工。如果不具备风险管理机制，高度专业化的生产结构将导致产出的大幅度波动，从而导致消费的大幅波动。对经济波动幅度增大的担忧使一些国家可能不愿意实施有助于提高专业化程度的措施。较大幅度的经济波动通常会导致总体储蓄率和投资率的降低。原则上，金融市场一体化有助于国家进行国际风险分担，从而缩小消费波幅。

（2）承诺执行更好的货币政策。金融市场一体化能够增加政府对未来政策路径承诺的可信度，从而提高生产率。金融市场一体化对政府政策的约束效应在多大程度上能够改变一个国家的内部投资活力，取决于它能够多大程度引导资本根据宏观经济政策的变动流向生产力更高的部门。

（3）广播信号。一个国家从事金融市场一体化的意愿可以被理解为未来对外国投资采取更加友好政策的信号，通过信号作用，取消对资本外流的限制反而可能导致资本流入的增加。

（二）金融市场一体化和经济全球化对菲利普斯曲线的影响

耶伦（Yellen，2006）指出，全球化会使进口商品和服务价格下降，并对通货膨胀有间接影响。进口商品和服务价格下降提高了工作报酬，即提高了名义工资购买力。这一实际工资水平的提高会提高劳动供给，亦即，较低的进口品价格会降低工人对名义工资增加的要求。另外一个间接渠道是，较低的进口品价格会限制国内生产相似产品厂商的定价能力。全球化对劳动力市场产生影响并从而对菲利普斯曲线也产生影响，同时，全球化还会促进生产率的提高。罗伯茨（Roberts，2004）指出，全球化带来的巨大变化之一就是短期菲利普斯曲线斜率的降低。

（三）金融市场一体化对消费和宏观经济波动性的影响

苏瑟兰（Sutherland，1996）指出，国际金融市场的存在使行为人可以在消费和闲暇之间跨期替代并进行消费的风险分担，行为人也可以更好地应付随机冲击。当冲击来自货币市场时，金融市场一体化程度的提高会增大一些变量的波动性，而当冲击源自真实需求或供给时，金融市场一体化程度的提高会降低变量的波动程度。Ozge（1998）同时指出，金融市场一体化使行为人能够进行消费和闲暇之间跨期替代并进行消费的风险分担，因此，资本流动在外部冲击发生时起到重要的稳定作用。

普拉萨德和罗戈夫（2004）提出，全球化的潜在益处之一是提供更好的分散风险机会，从而缩小波动幅度。对产出波动和消费波动做出区分是有益的。在理论模型中，金融市场一体化和经济全球化对产出波动的直接影响并不明确：一方面，金融市场一体化提供了利用资本的机会，能够帮助资本贫乏的国家实现生产基础的多元化；另一方面，金融市场一体化程度的上升也可能导致基于比较优势考虑的生产专业化程度的上升，从而使经济体更容易遭受与具体行业相关的冲击影响。虽然对产出波动的影响不是很明了，但理论上认为，金融市场一体化可以缩小消费波动，缩小消费波动的能力被视作经济福利的一项重要决定因素。国际金融市场为各个国家提供了分担宏观经济风险的更好机会，从而能够平滑消费。

二 金融市场一体化对货币政策的影响

（一）金融市场一体化对货币政策传导机制的影响

阎洁（2004）指出，随着经济、金融一体化的发展，本国与国外之间的资本流动不论是规模还是速度都大大提高了，同时国际资本流动的结构也发生了相应的变化，资本流动的短期化、证券化直接影响到一国货币政策的传导机制。货币政策的传导途径通常有三个：利率途径（及其他资产价格途径）、信贷配给途径和国际经济途径。在经济、金融一体化程度较低条件下，国际经济途径的影响很小，起主要作用的是信贷配给和利率途径。然而，随着经济、金融市场一体化的发展，国际经济途径的重要性会越来越大，从而使货币政策的制定者和实施者不得不在政策的制定和实施中考虑到国际经济因素的影响。在经济、金融市场一体化程度较高的条件下，货币政策变化引起的国内利率水平和各种金融资产价格的变化会影响国内的总供给和总需求水平，从而导致国际收支和汇率水平的相应变化。利率水平和各种资产价格的变动会引起国内外资金的套利活动，使国内货币总量发生变化。货币政策影响国内总供给和总需求，使国际收支的经常账户发生相应的变化，国际收支流量的变动进而影响到该国的宏观经济活动水平。国际资金套利活动和贸易收支变化会改变外汇市场供求状况，引起本国货币汇率水平发生相应的变动，汇率的变动又会引起宏观经济的一系列调整，从而引起国内货币形势的变化。因此，随着经济、金融市场一体化的发展，货币政策也必须做出调整。

贝克和查普（2006）指出，金融市场一体化使货币政策的执行方式发生变化，金融部门的改革和资本账户自由化对货币政策传导机制产生影响，因此，阐述货币政策变得更加复杂。传统关系的改变，使政府难以区分周期性变动（这种变动需要货币政策做出反应）和资产调整的不同。据此，某些国家实现自由化后，迟缓的货币政策反应会加速经济周期并导致金融危机。

（二）金融市场一体化使货币政策具有溢出效应

普拉萨德和罗戈夫（2004）指出，在经济、金融市场一体化条件下，一国货币政策的变化具有"溢出效益"，对其他国家的经济发生影响，同时也会招致来自国外的各种反馈，波及货币政策的实施效果。外国货币政策的变化也会对本国的货币金融环境产生冲击。伯南克（Bernanke，2007）指出，美国的货币政策行为对外国资产的收益和价格同样有重要的影响。例如，美元短期利率的变化对欧洲地区债券收益有重要影响，并且对外国股票指数也有重要影响。相比较而言，外国短期利率对美国资产价格的影响相对较弱。

（三）金融市场一体化对货币当局控制金融条件的影响

货币政策首先影响金融条件（利率和资产价格），金融条件的变化会影响家庭和企业的各种决策，包括消费、生产和投资。近些年来，金融市场参与者意识到金融市场已经跨越了国界并且对世界各地的经济、政治发展十分敏感。金融市场一体化对货币当局控制金融条件的能力产生何种影响对央行制定有效货币政策十分重要。

1. 金融市场一体化对美联储控制金融条件能力的影响

美国经济开放程度的提高是否影响美联储实现其稳定物价和就业的能力。在这个问题上，许多学者认为，经济全球化和金融市场一体化对货币政策的制定和执行产生了不利影响，原因在于全球化减弱了美联储影响美国利率和资产价格的能力并降低了国内因素在通货膨胀中的作用。

伯南克（2007）对此问题有两个结论：第一，全球化没有明显削弱美联储影响其国内金融条件的能力；第二，全球化使分析金融条件及其决定因素变得更为复杂。全球化并未使美国在过去20多年的货币政策执行方式发生大变化。这可能是因为美国本身就是发达市场经济国家，具有良好的市场微观基础，因此，能够对全球化带来的影响自动做出调整。

美国资金流入、流出数量的增加大大改变了美国货币政策的操作环境。20世纪80年代初，外国人持有美国资产的数量有限，因此，外国投资者和外国金融条件对美国金融市场的影响十分有限。随着全球金融市场一体化程度的不断提高且国内投资者在国际上多样化其资产配置，现在的市场环境已经发生了巨大的变化。外国人持有25%的美国发行的长期固定收益债券和一半以上美国财政部债券。跨国资本流动的数量巨大且不断增加：例如，2006年外国人持有的美国净资产超过1.6万亿美元，而美国投资者持有的外国资产超过1万亿美元。资本流入、流出肯定会影响美国长期利率和其他重要资产的价格，影响储蓄和投资的基本供需平衡并影响投资者持有风险资产和缺乏流动性资产所获得的升水。

美联储通过控制联邦基金利率（银行间隔夜拆借利率）从而影响美国的金融条件。通过公开市场操作和其他政策工具，美联储能够控制银行间资金的供给以使联邦基金利率达到目标水平，因此，金融市场一体化程度的提高没有改变美联储调控金融条件的能力。虽然联邦基金利率本身不会对经济行为产生主要影响，而欧洲美元利率这些短期利率主要由当期和预期的联邦基金利率决定，这反映了各种短期资金的高度可替代性。美联储控制联邦基金利率的能力使其能够影响美元短期利率，由于短期内通货膨胀具有惯性和黏性，因此，美联储也能够控制短期实际利率。

美联储能够独立于国外金融条件控制短期利率的能力依赖于美元能够自由浮动，其价值是在开放、竞争性市场中决定的。如果是固定汇率，美联储将设定的政策利率与全球金融市场一致。由于美元汇率是浮动的，美国利率可以不同于国外利率，因此，美联储保持了自主设定联邦基金利率以应对国内经济条件的变化。

对长期利率和长期资产价格的影响能力也是美联储管理总需求重要的工具。金融市场一体化提高了金融的相互依赖性，能够反映这一相互依赖性的统计性指标就是美国和其他工业化国家长期利率的相关性较高并且在近几年也显著提高了。例如，1990—2006年，美国与德国10年期互换利率的平均相关性为0.65，这一增长在经济和统计上均十分显著。美国和其他工业化国家的产出也具有类似的相关性。这一相互依赖性使货币政策制定者必须同时考虑国内外的金融条件。

然而，虽然金融市场一体化提高了货币政策分析的复杂性和相互依赖性，最近的研究表明美联储仍保留了在长期利率和主要金融资产价格间的调控能力，虽然货币政策与短期利率联系得更为紧密。尤其是，当采取了一致且可预测的货币政策，美联储能使市场参与者形成对短期名义利率未来如何变化和货币当局如何对未来经济发展做出反应的预期。由于长期名义利率可被视为未来预期的短期名义利率和风险升水的加权平均，美联储的政策能够显著影响这些利率。美联储在短期内影响实际利率的能力使其能够影响长期实际收益。就像长期名义收益，长期实际收益可被视为当期和未来预期的短期实际利率的加权平均，因此，货币政策对短期实际收益的影响也会对长期收益产生影响。经验研究支持了美国货币政策有能力影响长期利率和资产价格的观点。确实，对各种到期时间的美国债券的研究表明，债券的收益对短期联邦基金利率的变化反应显著，并且其反映的方式和数量随时间也没有大的变化。

2. 金融市场一体化对中国货币当局控制金融条件能力的影响

货币政策控制力减弱。随着中国金融市场一体化程度的不断提高，外资金融机构占我国金融机构的比例会越来越高，相对于国内银行，货币政策对外资银行的控制能力要弱，外资银行的资金来源主要来自国外金融市场，它们受利率管制、窗口指导、信贷政策等货币政策的约束较小。当国内货币政策意图发生变动时，它们会通过转向国外市场加以规避。这必然会缩小货币政策的直接覆盖面，使货币政策的作用发生"泄露"，弱化其政策效果。

货币政策中间目标的有效性减弱。目前，我国货币政策以货币供应量为中间目标，但随着金融市场一体化进程的不断加快，该中间目标的有效性不断减弱。事实上，金融市场一体化的发展过程也就是货币政策中间目标由总量性指标向价格性指标过渡的过程。20世纪80年代，西方各国货币政策的一个重要变化是各国放宽甚至放弃了传统的货币总量目标。因为在新的金融条件下，货币总量指标与实际经济活动之间的相关性越来越差，较狭义的货币总量指标已经没有多少经济意义，居民和企业将无利息的传统交易账户换成创新的有利息的金融工具（例如，货币市场共同基金），国内外的短期资本流动常导致狭义货币总量发生剧烈波动，而更为广义的货币总量通常包括有利息和无利息两种金融资产，居民和企业的资产组合调整不会导致其波动。但进一步看，居民、企业和金融机构到离岸金融市场投资和融资的能力又刺激了相似的国内金融工具（例如，可转让存款证）的发展，这使得广义货币的概念也变得不清晰，广义货币指标与实际经济的相关性削弱。而且，金融市场一体化产生了各国间复杂的货币替代现象，国外持有的本国货币有时候对于本国狭义货币有很强烈的影响，使得各国不得不转向更为广义的货币指标，或者干脆不再注重货币总量而改用其他中间目标，有的国家甚至直接盯住货币政策的最终目标。

（四）金融市场一体化对汇率的影响

泰勒（Taylor，2006）指出，汇率在货币理论和模型中起到了三个重要作用：第一，汇率的期望变化改变了持有本币和其他货币的相对收益，这是建立在资本可以在全球金融市场瞬间转移以实现货币收益最大化的基础上；第二，汇率水平影响不同国家商品和劳动的相对价格并因此会影响进出口；第三，汇率的过去和预期水平的变化会通过相应的传导机制改变通货膨胀。

泰勒（2006）同时指出，金融市场一体化条件下浮动汇率要优于固定汇率，因为浮动汇率使中央银行可以专注于控制本国国内的通货膨胀。仅仅指出汇率制度选择是不够的，泰勒还给出了四个汇率规则：第一，避免干预货币市场；第二，避免对货币市场进行口头干预；第三，制定明确的汇率政策，因为汇率是各国独立的行为，而一些国家可能会对货币市场进行直接或口头上的干预；第四，须认识到汇率不仅仅是金融变量，应考虑到对外政策和国家安全问题。金融市场一体化使汇率的传导机制减弱，汇率的传导机制在迅速地降低，这是由于中央银行这些年更加关注于价格稳定。汇率传导机制的降低也降低了货币进行国际协调的必要性。

（五）金融市场一体化是否使货币政策的国际协调成为必要

由于经济全球化和金融市场一体化程度的不断提高，冲击可经由国际金融市场这一新渠道更快地在各国间传播，并且金融市场也放大了冲击对实体经济的影响。金融市场一体化使各国长期利率和主要金融资产价格具有相关性，一个可能的原因就是经济一体化提高了经济冲击（如石油市场冲击）全球效应的程度，并且世界主要央行对这些冲击都采取相似的政策反应。

利率相关性的提高限制了各国货币当局使用利率调控经济的能力，并且冲击的全球效应和货币政策溢出效应都使理论界须对货币政策国际协调能否提高各国货币政策的有效性，并因而提高各国福利水平在理论上给出明确回答。泰勒（2006）发现，经验研究表明了货币政策国际协调所带来的收益非常小，政策上可以不考虑这些影响。而利用博弈论方法来分析货币政策国际协调的结果表明，合作条件下利率对通货膨胀上升所做出反应要小于古诺—纳什均衡下的解。

第三章 引入金融市场一体化的新凯恩斯模型：理论与经验检验

第一节 引言

开放宏观经济学（Open Macroeconomics）亦称为国际宏观经济学（International Macroeconomics），其在第二次世界大战之后受到了学术界的广泛关注，并针对开放经济条件下一国财政、货币政策的制定与执行及其有效性进行了广泛研究。

蒙代尔（Mundell，1963）和弗莱明（Fleming，1962）几乎同时提出在开放经济中且资本可自由流动条件下，一国实行不同汇率制度下财政、货币政策的相对有效性问题。在固定汇率制度下，由于名义汇率为外生变量且外汇储备只能做被动性调整，因此，外汇储备的变化由当前经济状态决定且为内生变量，在这些条件下，财政政策是相对有效的。在浮动汇率制度下，名义汇率是内生变量而外汇储备为外生变量，因此，扩张性货币政策下，货币供给增加导致利率下降，从而导致资本外流、名义汇率贬值，这会导致出口增加进口减少，并最终导致国民收入增加。因此，浮动汇率下货币政策相对有效。

多恩布希（1976）提出汇率超调模型并认为，如果 A 国决定增发货币，将提高对未来价格水平的预期，并降低对未来汇率的预期。但是，由于货币扩张也会抑制利率，对国内外金融资产报酬相等的预期要求预期的汇率升值，因而即期汇率使长期均衡点过度调整。这个主张只适用于货币扩张，而财政扩张，通过推动利率上升，将导致调整不足。该理论主要解释了在布雷顿森林体系崩溃后的浮动汇率体系中，汇率波动性提高的原因。

虽然在 20 世纪 50 年代末至 70 年代，人们对开放经济条件下货币政策、财政政策有效性进行了大量的分析，但这些理论研究缺乏微观基础，并且没有考虑前瞻性预期对货币政策的影响。理论缺乏微观基础使我们无法对政策的福利效果进行明确的分析，而卢卡斯（1976）认为，预期在宏观经济模型的许多重要结构方程中都起到了重要的作用，并提出，对预期的建模不应是历史经验的函数，社会公众的预期应与经济模型所蕴含的未来经济运行一致。这种对预期的建模方法代表了均衡中各种计划的跨期协调，例如，在均衡状态下，如果行为人对其他人的联合行动所决定的经济环境有正确的认识，则任何人都没有动力改变其行为，而这一思想是现代经济理论的核心。因此，缺乏微观基础和前瞻性预期是早期开放宏观经济学最重要的不足，而这也是宏观经济学家在此后研究中的重点。

进入 20 世纪 90 年代以后，开放经济模型又有了新进展，如罗默（Romer，1993）建立了一个两国相互影响的垄断竞争模型，但其分析是静态的，而且微观基础不足，迪克西特（Dixon，1993）则研究了完全竞争条件下的静态开放经济模型。奥布斯特费尔德和罗戈夫（1995）开创性地将垄断竞争和名义价格黏性纳入动态一般均衡模型中，并建立了分析宏观经济关系的微观基础。跨期最优模型相较于蒙代尔—弗莱明模型有许多优势，这类模型的共同特点是在有着明确微观基础的动态一般均衡模型中引入名义黏性和市场不完全。无论商品市场还是要素市场，垄断竞争都是这种新模型的一个重要因素。首先，相对于完全竞争，该模型可以明确分析垄断市场中的定价行为；其次，由于均衡的垄断价格高于边际成本，所以在一定范围内调整产量不会损害利润收益，从而在短期内产出水平就完全由需求决定；最后，市场中垄断的存在使经济中均衡产出水平低于社会最优产出水平，这样采取有效的货币或财政政策就有可能削弱这种扭曲的程度，从而提高社会福利水平。此模型兼顾了跨期方法的严格性和古典方法得到的定性结论（Mundell，1963；Dornbusch，1976），而且模型给出了效用函数的具体形式，这样在求解最优化问题显示解的基础上，就可以进行明确的福利分析。名义黏性和市场不完全的引入改变了外部经济冲击的传导机制，重新确定了宏观政策的重要地位。因此，这种方法成为目前开放宏观经济学的主导方法。

第二节 基本模型

本书在苏瑟兰（1996）和 Ozge（1998）的基础上构造了如下基本模型。存在两个规模相同的国家，两国的居民既是生产者又是消费者，消费者都是相似的，因此，在每个国家选取代表性个人进行分析，每个厂商生产一种有差别的产品（用 z 表示），生产的投入品为消费者提供的劳动。

一 消费者与产品市场

代表性消费者的偏好定义在 CES 复合消费品、实际货币余额和劳动力供给上，并假定两国代表性消费者的偏好相似。一个代表性家庭最大化如下以消费（C）、实际货币余额（M/P）和劳动力供给（N）为自变量的效用函数上。

$$U_t = \sum_{s=t}^{\infty} \beta^{s-t} \left[\frac{\sigma}{\sigma-1} C_s^{(\sigma-1)/\sigma} + \frac{\chi}{1-\varepsilon} \left(\frac{M_s}{P_s} \right)^{1-\varepsilon} - \frac{k_s}{\mu} N_s^\mu \right] \quad (3.1)$$

其中，$0 < \beta < 1$，$\sigma > 0$，$\varepsilon > 0$ 且 $\mu > 1$。k_t 为冲击变量，它的增加代表劳动的边际负效用增大，并导致在既定工资水平下劳动供给减少。外国消费者也具有相同的效用函数，本书的随后章节，国外相关变量都用符号 * 表示。

复合消费品定义在所有产品上（包括国内和国外生产的产品）：

$$C_t = \left[\int_0^1 c(z)^{(\theta-1)/\theta} dz \right]^{\theta/(\theta-1)} \quad (3.2)$$

其中，$c_t(z)$ 为代表性消费者对产品 z 的消费，θ 为商品需求的价格弹性。购买力平价（PPP）对每种商品都成立，因此：

$$p_t(z) = E_t p_t^*(z) \quad (3.3)$$

其中，$p_t^*(z)$ 为商品 z 的本币价格，E_t 为名义汇率，即每单位外币可兑换本币的数量，$p_t^*(z)$ 为商品 z 的外币价格。假定 $z \in [0, 1/2]$ 的商品为本国生产，$z \in (1/2, 1]$ 的商品为外国生产，则国内消费者的一般价格指数 P 为：

$$P_t = \left[\int_0^1 p(z)^{1-\theta} dz \right]^{1/(1-\theta)} = \left[\int_0^{1/2} p(z)^{1-\theta} dz + \int_{1/2}^1 E p^*(z)^{1-\theta} dz \right]^{1/(1-\theta)}$$

$$(3.4)$$

购买力平价和相似性偏好保证了下式的成立：
$$P = EP^* \tag{3.5}$$

二 消费者与金融市场

假定两国间的金融市场并未实现完全一体化，因此，个人不能在外国金融市场自由进行交易。国内消费者以国内货币、国内实际债券和外国实际债券的形式持有其财富。国内消费者可以在国内金融市场上自由交易并且能够无成本地进行国内债券交易。而调整外国债券会给行为人带来成本，存在调整成本意味着国际金融市场的不完全一体化，而这一成本的降低表明金融市场一体化程度的提高。

国际金融市场上的交易成本很多，且不同类型成本对调整成本函数的形式有不同影响。其中，最重要的成本为佣金，而这一成本要远低于资金的交易规模，因此，经济学家主张采用非凸的调整成本函数。与此同时，在国际金融交易中存在许多其他类型的成本，例如，行为人必须投入大量资源用于搜集和掌握外国金融市场上的投资机会与法律、法规。通信系统在短期内容量也有限，因此，短期内要转移大量资金可能带来拥堵成本。政府也会对外国金融交易征税并进行管制，这些都会给国际金融交易带来成本。特别地，技术成本、学习成本和政府管制倾向于使调整成本函数具有凸性。

不同形式的调整成本函数会对资本市场的动态最优行为带来不同的影响。凸性调整成本会导致代表性消费者在一段时期内分摊其调整成本，而非凸性的调整成本函数会导致资产存量非连续性调整。当国际金融交易规模较大，调整成本较高时，不同形式的调整成本函数的结果是相似的。基于分析的简便和本书的分析目的，本书采用凸性调整成本函数，即：

$$Z_t = \frac{\phi}{2} V_t^2 \tag{3.6}$$

其中，V_t 为在国内外金融市场间转移的资金量，ϕ 则代表了国际金融市场一体化的程度。

给定上述家庭与金融市场的关系，消费者获得的工资收入为 $w_t N_t$，从企业获得的利润分配为 $\prod_t$，消费者支付的税收为 T_t。D_t 为本国居民持有的本国债券，D_t^* 为外国居民对本国债券的持有，均以本国货币标价，F_t 为本国居民持有的外国债券，F_t^* 为外国居民对其本国债券的持有，均以外国货币标价。则持有国内外债券的数量受下面预算约束的限制：

$$D_t = (1 + i_{t-1}) D_{t-1} + M_{t-1} - M_t + w_t N_t - P_t C_t - P_t V_t - P_t Z_t + \prod_t - P_t T_t \tag{3.7}$$

$$F_t = (1 + i^*_{t-1}) F_{t-1} + P^*_t V_t \tag{3.8}$$

三 家庭最优

家庭最优决策问题可分为两个阶段处理。首先，不管家庭选择 C_t 的具体水平如何，将购买 C_t 的成本最小化总是最优的；其次，根据购买任一水平 C_t 的既定成本，家庭对 C_t、N_t 和 M_t 做出最优选择。

（一）单期最优

家庭的决策问题为：

$$\min_{c(z)} \left\{ \int_0^{1/2} p_t(z) c(z) dz + \int_{1/2}^1 E_t p^*_t(z) c(z) dz \right\} \tag{3.9}$$

约束为：

$$\left[\int_0^1 c(z)^{(\theta-1)/\theta} dz \right]^{\theta/(\theta-1)} = C_t \tag{3.10}$$

建立上述问题的拉格朗日函数：

$$L_t = \left\{ \int_0^{1/2} p_t(z) c(z) dz + \int_{1/2}^1 E_t P^*_t(z) c(z) dz \right\} + \psi_t \left\{ C_t - \left[\int_0^1 c(z)^{(\theta-1)/\theta} dz \right]^{\theta/(\theta-1)} \right\} \tag{3.11}$$

上述问题的一阶条件为：

$$p_t(z) + E_t p^*_t(z) - \psi_t \left\{ \left[\int_0^1 c(z)^{\frac{\theta-1}{\theta}} dz \right]^{\frac{1}{\theta-1}} c(z)^{-\frac{1}{\theta}} \right\} = 0 \tag{3.12}$$

由复合消费品的定义式（3.2），上式可变为：

$p_t(z) + E_t p^*_t(z) - \psi_t C_t^{\frac{1}{\theta}} c(z)^{-\frac{1}{\theta}} = 0$，整理得：

$$c(z) = \left(\frac{p_t(z) + E_t p^*_t(z)}{\psi_t} \right)^{-\theta} C_t \tag{3.13}$$

由复合消费品定义，可得：

$$C_t = \left\{ \int_0^1 \left[\left(\frac{p_t(z) + E_t p^*_t(z)}{\psi_t} \right)^{-\theta} C_t \right]^{\frac{\theta-1}{\theta}} dz \right\}^{\frac{\theta}{\theta-1}}$$

$$= \left(\frac{1}{\psi_t} \right)^{-\theta} \left\{ \int_0^1 [p_t(z) + E_t p^*_t(z)]^{1-\theta} dz \right\}^{\frac{\theta}{\theta-1}} C_t \tag{3.14}$$

$$\psi_t = \left\{\int_0^1 [p_t(z) + E_t p_t^*(z)]^{1-\theta} dz\right\}^{\frac{1}{1-\theta}},\text{将积分符号展开后,可得,}$$

$$\psi_t = P_t = \left[\int_0^{1/2} p(z)^{1-\theta} dz + \int_{1/2}^1 E p^*(z)^{1-\theta} dz\right]^{1/(1-\theta)} \tag{3.15}$$

因此,对商品 z 的需求函数为:

$$c_t(z) = \left[\frac{a_t(z)}{P_t}\right]^{-\theta} C_t \tag{3.16}$$

$a_t(z)$ 根据产品种类不同可为 $p_t(z)$、$E_t p_t^*(z)$。对商品 z 的需求弹性为 θ。当时 $\theta \to \infty$,商品之间的替代性越来越强,于是单个厂商的市场垄断力就越来越小。

(二) 跨期最优

在跨期最优问题中,代表性消费者的目标函数为其效用函数,

$$U_t = \sum_{s=t}^{\infty} \beta^{s-t} \left[\frac{\sigma}{\sigma-1} C_s^{(\sigma-1)/\sigma} + \frac{\chi}{1-\varepsilon}\left(\frac{M_s}{P_s}\right)^{1-\varepsilon} - \frac{k_s}{\mu} N_s^{\mu}\right] \tag{3.1}$$

其约束条件为式 (3.7)、式 (3.8),经整理后为:

$$\frac{D_t}{P_t} = (1+i_{t-1})\frac{D_{t-1}}{P_t} + \frac{M_{t-1}}{P_t} - \frac{M_t}{P_t} + \frac{w_t}{P_t}N_t - C_t - \frac{1}{P_t^*}[F_t - (1+i_{t-1}^*)F_{t-1}]$$

$$-\frac{\phi}{2}\left[\frac{F_t - (1+i_{t-1}^*)F_{t-1}}{P_t^*}\right]^2 + \frac{\Pi_t}{P_t} - T_t \tag{3.17}$$

建立上述问题的拉格朗日函数:

$$L = \sum_{s=t}^{\infty}\left\{\beta^{s-t}\left[\frac{\sigma}{\sigma-1}C_s^{(\sigma-1)/\sigma} + \frac{\chi}{1-\varepsilon}\left(\frac{M_s}{P_s}\right)^{1-\varepsilon} - \frac{k_s}{\mu}N_s^{\mu}\right]\right.$$

$$+ \lambda S\left[\frac{D_s}{P_s} - (1+i_{s-1})\frac{D_{s-1}}{P_s} - \frac{M_{s-1}}{P_s} + \frac{M_s}{P_s} - \frac{w_s}{P_s}N_s + C_s\right.$$

$$\left.\left. + \frac{1}{P_s^*}[F_s - (1+i_{s-1}^*)F_{s-1}] + \frac{\phi}{2}\left[\frac{F_s - (1+i_{s-1}^*)F_{s-1}}{P_s^*}\right]^2 - \frac{\Pi_s}{P_s} + T_s\right]\right\}$$

$$\tag{3.18}$$

将式 (3.18) 对 C_s 求导,得:

$$\beta^{s-t} C_s^{-1/\sigma} + \lambda_s = 0 \tag{3.19}$$

将式 (3.18) 对 M_s/P_s 求导,得:

$$\beta^{s-t}\chi\left(\frac{M_s}{P_s}\right)^{-\varepsilon} + \lambda_s - \lambda_{s+1}\frac{P_s}{P_{s+1}} = 0 \tag{3.20}$$

将式 (3.18) 对 N_s 求导,得:

$$\beta^{s-t}(-k_s N_s^{\mu-1}) - \lambda_s \frac{w_s}{P_s} = 0 \tag{3.21}$$

将式 (3.18) 对 D_s/P_s 求导,得:

$$\lambda_s - \lambda_{s+1}(1+i_s)\frac{P_s}{P_{s+1}} = 0 \tag{3.22}$$

将式 (3.18) 对 F_s/P_s^* 求导,得:

$$\lambda_s E_s - \lambda_{s+1} E_{s+1}(1+i_s^*)\frac{P_s}{P_{s+1}} + \lambda_s E_s^2 \phi\left[\frac{F_s}{P_s} - (1+i_{s-1}^*)\frac{F_{s-1}}{P_s}\right] - \lambda_{s+1}$$

$$E_{s+1}\phi(1+i_s^*)\frac{P_s}{P_{s+1}}\left[\frac{F_{s+1}}{P_{s+1}} - (1+i_s^*)\frac{F_s}{P_{s+1}}\right] = 0 \tag{3.23}$$

将拉格朗日乘子 λ_s 的运动方程 (3.22) 代入上面的一阶条件并整理,可得:

$$C_{t+1} = C_t\left[\beta(1+i_t)E_t\left(\frac{P_t}{P_{t+1}}\right)\right]^\sigma \tag{3.24}$$

$$\frac{M_t}{P_t} = \left[\frac{\chi}{C_t^{-1/\sigma}}\left(\frac{1+i_t}{i_t}\right)\right]^{1/\varepsilon} \tag{3.25}$$

$$N_t = \left(\frac{C_t^{-1/\sigma} w_t}{P_t \quad k_t}\right)^{1/(\mu-1)} \tag{3.26}$$

$$(1+i_t)(1+\phi V_t) = \frac{E_{t+1}}{E_t}(1+i_t^*)(1+\phi V_{t+1}) \tag{3.27}$$

式 (3.24) 是标准消费欧拉方程,家庭最优货币需求计划由式 (3.25) 给出,该方程表明复合消费品与实际货币余额的边际替代率等于持有实际货币余额的机会成本。家庭最优劳动力供给决策由式 (3.26) 给出,即劳动的边际负效用等于实际工资的边际效用。式 (3.27) 给出家庭财富如何在国内、外债券间分配的最优条件。

引入国际金融市场不完全一体化并没有改变家庭的最优货币需求和最优劳动力供给。消费的欧拉方程也与奥布斯特费尔德和罗戈夫 (1995) 结论相似。引入国际金融市场不完全一体化主要影响了家庭如何将其财富在国内、外债券间进行分配,即式 (3.27) 意味着非套补利率平价 (UIP) 不再成立。

四 厂商最优

（一）对厂商的约束

1. 生产函数

本书目的是分析金融市场一体化进程中的货币政策，而货币政策都是短期分析，因此，假定技术和资本在短期内不变并单位化为 1 是合理的。厂商使用劳动作为唯一的投入要素生产有差别的产品①，其生产函数如下：

$$Y_t(z) = N_t(z) \tag{3.28}$$

2. 需求

厂商 z 面对的需求函数为：

$$y_t(z) = \left[\frac{p_t(z)}{P_t}\right]^{-\theta} Q_t, \quad Q_t = (C_t + C_t^* + G_t + G_t^* + Z_t + Z_t^*)/2 \tag{3.29}$$

由上面的生产函数，可知：

$$y_t(z) = N_t(z) \tag{3.30}$$

3. 价格黏性

对厂商的第三个约束是，在每一期都有部分厂商不能调整价格，使用的价格黏性的设定模式来自卡尔沃（1983）。每一期可以调整价格的厂商随机抽取，所有厂商中比例为 $1 - \omega$ 的部分可以调整价格，而其余比例为 ω 的厂商不能调价。参数 ω 为反映名义刚性程度的指标：ω 越大，每期可以调价的厂商越少，价格调整的预期间隔就越长。那些在时期 t 可以调价的厂商会通过价格调整使当前和未来利润的预期折现值最大化。只有当厂商在时期 t 和某个未来时期 $t+s$ 之间没有机会调价时，时期 $t+s$ 的利润才会受到时期 t 价格选择的影响，出现这种情况的概率等于 ω^s。

（二）厂商最优

1. 成本最小化

在分析厂商定价决策前，首先考虑其成本最小化问题，亦即在生产 $y_t(z) = N_t(z)$ 的前提下使 $W_t N_t$ 最小化。这一问题可以表示为：

$$\min_{N_t} w_t N_t + \varphi_t [y_t(z) - N_t(z)] \tag{3.31}$$

其中，φ_t 为厂商的名义边际成本。问题式（3.31）的一阶条件为：

---

① 本书忽略了资本存量的内生性变动。麦卡卢姆和纳尔逊（1999）证明，对短期商业周期分析而言，假设资本存量遵循一个外生性过程不会造成很大损失。

$$\varphi_t = w_t \tag{3.32}$$

2. 价格制定

不存在价格黏性的条件下，厂商的利润最大化问题为：

$$\frac{\prod_t(z)}{P_t} = \frac{p_t(z)}{P_t}\left[\frac{p_t(z)}{P_t}\right]^{-\theta} Q_t - \frac{w_t}{P_t}\left[\frac{p_t(z)}{P_t}\right]^{-\theta} Q_t \tag{3.33}$$

利润最大化的价格为：

$$p_t = w_t \theta / (\theta - 1) \tag{3.34}$$

然而，名义价格黏性的存在使厂商当期的价格决策会影响企业未来的利润水平，在此情况下，企业必须最大化其当期和未来各期利润的贴现和，因此，厂商的利润最大化问题为：

$$V_t(z) = \sum_{s=t}^{\infty} \omega^{s-t} R_{t,s} \frac{\prod_s(z)}{P_s} \tag{3.35}$$

其中，$R_{t,s}$ 为时期 t 到时期 s 的贴现因子，定义如下：

$$R_{t,s} = \left(\frac{1}{1+r_t}\right)\left(\frac{1}{1+r_{t+1}}\right)\left(\frac{1}{1+r_{t+2}}\right)\cdots\left(\frac{1}{1+r_s}\right) \tag{3.36}$$

其中，r_t 为实际利率，厂商 z 利润最大化的一阶条件为：

$$p_t(z)(\theta-1)\sum_{s=t}^{\infty} \omega^{s-t} R_{t,s} \frac{Q_s}{P_s}\left(\frac{1}{P_s}\right)^{-\theta} = \theta \sum_{s=t}^{\infty} \omega^{s-t} R_{t,s} \frac{Q_s}{P_s}\left(\frac{1}{P_s}\right)^{-\theta} w_s \tag{3.37}$$

厂商的定价行为蕴含着所有在时期 t 能够调整价格的厂商均将价格设定为同一水平 [即上式中的 $p_t(z)$]。国内厂商在时期 t 能够制定价格的比例为 $(1-\omega)$，因此，$(1-\omega)$ 的厂商将价格设定为 $p_t(z)$。同样，在时期 $t-1$ 调整价格的厂商比例为 $(1-\omega)\omega$，且价格为 $p_{t-1}(z)$。因此，国内经济的一般价格指数可以重新定义为：

$$P_t = \left[\frac{(1-\omega)}{2}\sum_{s=0}^{\infty} \omega^s p_{t-s}^{1-\theta} + \frac{(1-\omega)}{2}\sum_{s=0}^{\infty} \omega^s (E_t p_{t-s}^*)^{1-\theta}\right]^{1/(1-\theta)} \tag{3.38}$$

此外，国内企业的总产出水平为：

$$y_t = \left[\frac{q_t}{P_t}\right]^{-\theta} Q_t = N_t \tag{3.39}$$

其中，y_t 和 N_t 分别代表总产出和总的就业水平。

五 政府

各国政府通过发行货币和一次性总赋税（lump-sum tax）为其支出 G_t（与代表性消费者效用函数中消费指数的定义相同，G_t 包含一组国内外产品）筹资，因此，本国政府的预算约束为：

$$P_t G_t = P_t T_t + M_t - M_{t-1} \tag{3.40}$$

六 均衡关系

模型的均衡关系是由一系列价格、工资率、消费等变量给出的：（1）由劳动力需求式（3.39）和劳动力供给式（3.26）决定的均衡工资率使各国劳动力市场出清；（2）货币供给由政府外生决定，而货币需求由式（3.25）决定，两者相等使各国的货币市场出清；（3）满足消费的欧拉式（3.24）；（4）满足厂商最优价格决策条件，即厂商利润最大化一阶条件式（3.37）；（5）满足财富在国内、外债券间分配的最优条件式（3.27）；（6）满足各国跨期预算约束式（3.7）和式（3.8）。

上述建立的开放经济条件下宏观经济模型的前提假设为，国家间的商品市场已实现一体化，而国家间金融市场尚未实现完全一体化，此模型是本书分析金融市场一体化进程中货币政策的基本模型。在该模型中，行为人的消费支出是由其最大化跨期效用函数的一阶条件决定的，而一国消费者进行消费跨期替代的能力是由其向另一国消费者借入、借出资金的能力决定的。因此，金融市场不完全一体化对消费决策具有重要影响。在上述模型的产出决定机制中，价格黏性的存在使商品市场不能够每期都能出清，因而，经济冲击会使经济在短期内失衡，这会促使行为人对消费和劳动供给进行跨期替代，而金融市场的不完全一体化会妨碍行为人的跨期替代行为。

求出模型的解析解使模型所蕴含的上述关系更为明了，但对于动态非线性一般均衡模型而言，解析解是无法获得的，因此，本书利用校准和对数线性化技术对基本模型的运行特点加以分析。

第三节 数值模拟及其结果[①]

一 模型稳态

在对数线性化基本模型之前，必须先找到模型的稳态，并在稳态附近对模型进行线性近似。在稳态下，假定模型中所有外生变量为常数，而所有名义量的增长率为 0，并假定政府支出和行为人的资产存量为 0。因此，

[①] 本节使用的相关技术，参见附录一。

模型稳态为：

$$r_0 = \frac{1-\beta}{\beta} \tag{3.41}$$

$$\frac{w_0}{P_0} = \frac{\theta-1}{\theta} \tag{3.42}$$

$$y_0 = N_0 = C_0 = \left[\frac{\theta-1}{\theta k_0}\right]^{\frac{\sigma}{\sigma(\mu-1)+1}} \tag{3.43}$$

$$\frac{M_0}{P_0} = \left(\frac{1-\beta}{\chi}\right)^{\frac{1}{\varepsilon}} y_0^{-\frac{1}{\sigma\varepsilon}} \tag{3.44}$$

二 对数线性化

对式（3.24）、式（3.25）、式（3.26）、式（3.27）对数线性化后，可得：

$$\frac{1}{\sigma}(\hat{C}_{t+1} - \hat{C}_t) = \hat{P}_t - \hat{P}_{t+1} + (1-\beta)\hat{i}_t \tag{3.45}$$

$$\hat{c}_t(z) = -\theta[\hat{p}_t(z) - \hat{P}_t] + \hat{C}_t \tag{3.46}$$

$$\hat{M}_t - \hat{P}_t = \frac{1}{\sigma\varepsilon}\hat{C}_t - \frac{\beta}{\varepsilon}\hat{i}_t \tag{3.47}$$

$$\hat{N}_t = \frac{1}{\mu-1}\left[\hat{w}_t - \hat{P}_t - \frac{1}{\sigma}\hat{C}_t - \hat{k}_t\right] \tag{3.48}$$

$$(1-\beta)\hat{i}_t + \frac{\phi}{\beta}\hat{V}_t = \hat{E}_{t+1} - \hat{E}_t + (1-\beta)\hat{i}_t^* + \frac{\phi}{\beta}\hat{V}_{t+1}^* \tag{3.49}$$

$$(1-\beta)\hat{i}_t + \frac{\phi}{\beta}\hat{V}_{t+1}^* = \hat{E}_{t+1} - \hat{E}_t + (1-\beta)\hat{i}_t^* + \frac{\phi}{\beta}\hat{V}_t^* \tag{3.50}$$

在式（3.49）和式（3.50）中，$\hat{V}$ 和 $\hat{V}^*$ 被分别定义为 V/C_0 和 V^*/C_0。①

对数线性化厂商最优价格制定式（3.37），得：

$$\hat{p}_t(z) + (1-\beta\omega)\sum_{s=t}^{\infty}(\beta\omega)^{s-t}\hat{x}_s = \frac{\theta}{\theta-1}\frac{w_0}{P_0}(1-\beta\omega)\sum_{s=t}^{\infty}(\beta\omega)^{s-t}(\hat{x}_s + \hat{w}_s) \tag{3.51}$$

$\hat{x}_s = \hat{Q}_s - (1+\theta)\hat{P}_s$，将式（3.51）向前迭代一期后与式（3.51）相减，可得：

---

① 在稳态下，假定 V 和 V* 为 0，因此，无法求其对数线性化。

$$\hat{p}_t(z) - \beta\omega\hat{p}_{t+1}(z) = (1-\beta\omega)\hat{w}_t \quad (3.52)$$

在求解上式中利用了式（3.42）。

对数线性化国内经济一般价格指数式（3.38），可得：

$$\hat{P}_t = \frac{1-\omega}{2}\sum_{s=0}^{\infty}\omega^s\hat{p}_{t-s} + \frac{1}{2}\hat{E}_t + \frac{1-\omega}{2}\sum_{s=0}^{\infty}\omega^s\hat{p}_{t-s}^* \quad (3.53)$$

国内外生产产品的一般价格指数可分别定义为：

$$\hat{q}_t = (1-\omega)\sum_{s=0}^{\infty}\omega^s\hat{p}_{t-s}$$

$$\hat{q}_t^* = (1-\omega)\sum_{s=0}^{\infty}\omega^s\hat{p}_{t-s}^* \quad (3.54)$$

因此，式（3.53）可被重新定义为：

$$\hat{P}_t = \frac{1}{2}\hat{q}_t + \frac{1}{2}[\hat{E}_t + \hat{q}_t^*] \quad (3.55)$$

而 $\hat{q}_t$ 的演化方程为：

$$\hat{q}_t - \omega\hat{q}_{t-1} = (1-\omega)\hat{p}_t \quad (3.56)$$

对政府约束式（3.40）对数线性化，并对国内厂商加总后可得国内经济的总产出为：

$$\hat{y}_t = \hat{Q}_t - \theta[\hat{q}_t - \hat{P}_t] \quad (3.57)$$

由于 $w_tN_t + \Pi_t = q_ty_t$ 和政府约束式（3.40），对式（3.7）、式（3.8）对数线性化，可得：

$$\hat{D}_t = \frac{1}{\beta}\hat{D}_{t-1} + \hat{q}_t + \hat{y}_t - \hat{P}_t - \hat{C}_t - \hat{V}_t - \hat{G}_t$$

$$\hat{F}_t = \frac{1}{\beta}\hat{F}_{t-1} + \hat{V}_t \quad (3.58)$$

$\hat{D}_t$、$\hat{G}_t$ 和 $\hat{F}_t$ 被分别定义为 D/C_0、G/C_0 和 F/C_0。

三　非对称性冲击

通过对上述对数线性化系统的数值模拟，可以分析出该模型动态演化特点。该模型受三种冲击：货币供给、政府购买和劳动力供给。本书引入非对称性冲击的原因是，只有两国受到不同冲击的影响，两国的行为人才会在国际金融市场上进行交易。换句话说，对称性冲击并不会导致国际资本流动，因此，国际金融市场一体化程度不会对模型产生影响。

国内经济的冲击变量（以其对均衡值的对数偏离加以度量）变动方

式如下：

$$\hat{M}_t = \rho \hat{M}_{t-1}$$

$$\hat{G}_t = \alpha \hat{G}_{t-1}$$

$$\hat{k}_t = \mu \hat{k}_{t-1} \tag{3.59}$$

假定国内经济冲击为在时期 1 正向偏离其均衡值 1%，相应的外国经济冲击为在时期 1 负向偏离其均衡值 1%。若冲击系数 ρ、α、η 为 1，则冲击变量在随后期间内无变化；若冲击系数 ρ、α、η 为（0，1）上的值，则冲击变量会逐渐收敛至其均衡值。

四 参数赋值

（一）主观贴现因子（β）

苏瑟兰（1996）和 Ozge（1998）都将其设定为 0.95，而罗特姆伯格和伍德福德（Rotemberg and Woodford，1998）、加利和格特勒（1999）将其设定为 0.99。本书认为，对美国这样的发达国家，其经济制度较为成熟，政策制定者认识和调控经济能力较强，因此，能够避免经济出现非常严重的危机，基于此，行为人会认为未来的不确定性较低，其主观贴现因子也就相应较高。因此，对发达经济体而言，将主观贴现因子设定为 0.99 是合理的。

而对于中国这样的转型经济国家，其市场经济制度尚不完善，政策制定者对市场经济的认识和调控也处于不断认识和摸索之中，更何况转型经济体本身也具有不确定性，因此，对中国这样的转型经济国家，将其行为人主观贴现因子设定为 0.95 是合理的。

（二）商品跨期替代弹性（σ）

商品跨期替代弹性也为相对风险规避系数的倒数。汉森（Hansen，1983）和霍尔（Hall，1988）认为，其值小于 1，苏瑟兰（1996）、Ozge（1998）和张瀛（2006）均将其设定为 0.75，基于他们的研究，本书将商品跨期替代弹性设定为 0.75。

（三）尺度参数（χ）

本书遵循苏瑟兰（1996）和 Ozge（1998）的研究，将其设定为 1。

（四）货币需求的偏利率弹性（ε）

本书遵循苏瑟兰（1996）和 Ozge（1998）的研究，将其设定为 9。

（五）劳动供给边际负效用的弹性（$\mu - 1$）

苏瑟兰（1996）、Ozge（1998）和张瀛（2006）均将其设定为 1.4，

本书也将其设定为 1.4。

（六）商品需求的价格弹性（θ）

本书遵循苏瑟兰（1996）和 Ozge（1998）的研究，将其设定为 6。

（七）金融市场一体化的程度（ϕ）

$\phi=0$ 表示金融市场完全一体化，$\phi=5$ 表示金融市场间未实现一体化。

（八）价格黏性（ω）

苏瑟兰（1996）和 Ozge（1998）都将其设定为 0.5，亦即厂商每 2 期有机会调整一次价格，而罗特姆伯格和伍德福德（1998）、加利和格特勒（1999）将其设定为 0.75，则厂商每 4 期有机会调整一次价格。若使用季度数据，则设为 0.75（即厂商每年可以调整一次价格）更为合理。因此，本书中取值为 0.75。

（九）货币供给冲击系数（ρ）

假定货币供给冲击系数 $\rho=0.5$，则货币供给经过若干时期逐渐收敛至均衡值。

五 货币供给冲击的动态响应及其含义

在该冲击中，国内货币供给增加 1%，而国外货币供给减少 1%。货币供给的变化通过定额转移（lump-sum transfer）方式对经济产生影响。将上节设定的参数值代入各式，可得模型各变量的稳态值和相关对数线性化方程，将货币供给冲击代入这些方程，可相应获得各变量对货币供给冲击各期的动态响应值。

（一）利率对货币冲击的动态响应

在国际金融市场完全一体化条件下，即 $\phi=0$，将其代入式（3.49）和式（3.50），可得，$i_t = i_t^*$，即国内外仅存在一个利率。非对称冲击意味着国内行为人愿意借出（借入）的资金量与国外行为人想借入（借出）的资金量是相同的。因此，非对称冲击并不改变利率水平。

在国际金融市场不完全一体化条件下，国内行为人倾向于在国内金融市场进行交易的事实，使经济遭受上面的非对称货币冲击时降低国内利率水平，外国的利率水平则会因货币供给的减少而相应提高。

（二）消费对货币冲击的动态响应

国内利率水平的下降刺激国内消费者增加当前的消费水平。图 3-2 表明国内消费者显著增大了其在第一期的消费水平，并在随后的时期内降低其消费水平。因此，在金融市场不完全一体化的条件下，行为人由于缺

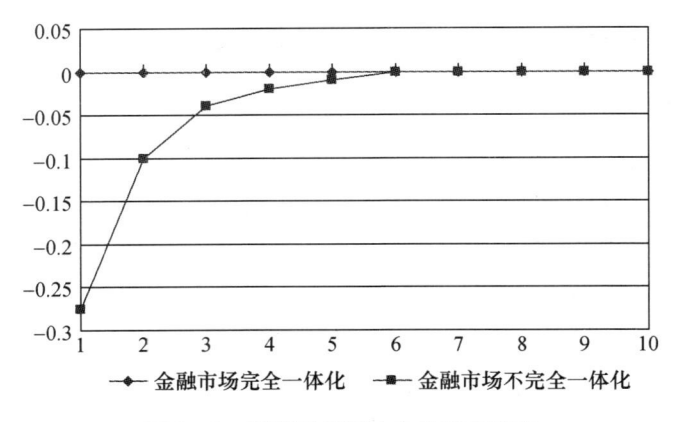

图 3-1 利率对货币冲击的动态响应

乏有效积累金融财富的手段，消费行为与收入的时间路径关系更为紧密，亦即消费的波动性大大增强。

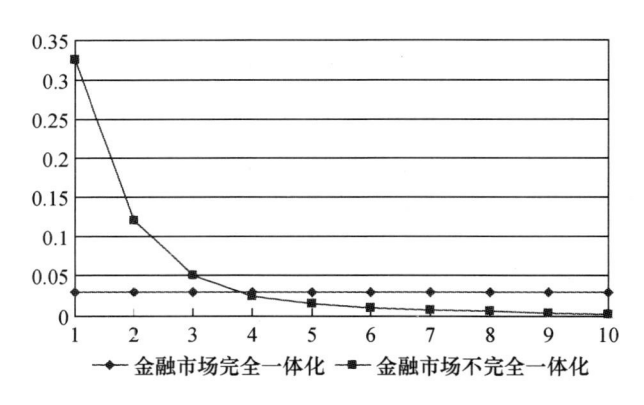

图 3-2 消费对货币冲击的动态响应

（三）汇率对货币冲击的动态响应

货币供给冲击对汇率的影响由货币市场均衡条件式（3.47）决定，将其与外国货币市场均衡条件相减，可得：

$$\hat{M}_t - \hat{M}_t^* - \hat{E}_t = \frac{1}{\sigma\varepsilon}\left[\hat{C}_t - \hat{C}_t^*\right] - \frac{\beta}{\varepsilon}\left[\hat{i}_t - \hat{i}_t^*\right] \tag{3.60}$$

此处，用购买力平价条件替代相对价格水平。

在国际金融市场完全一体化条件下，两国相对货币供给发生永久性变化后，名义汇率也会基于货币冲击发生永久性变化。图 3-3 表明汇率水平贬值约 2%。

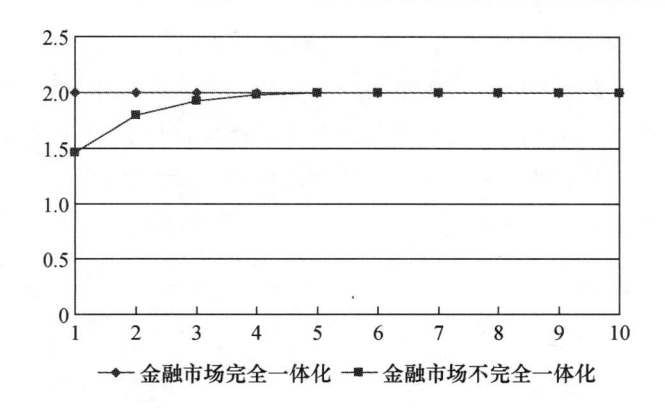

图 3-3 汇率对货币冲击的动态响应

在金融市场不完全一体化的条件下，两国消费水平差异为正而利率差异为负，这都意味着汇率水平不会像国际金融市场完全一体化条件下贬值的那么多。汇率贬值幅度的降低会导致国内产品相对价格水平降低幅度的减小以及国内产出增加量的减少。

（四）产出对货币冲击的动态响应

由于名义价格在短期内存在黏性，汇率贬值则意味着本国产品的相对价格在短期内是下降的。由国内总产出方程（3.57）可知，相对价格的下降会导致国内产出的增加。如图 3-4 所示，在金融市场完全一体化条件下，货币供给冲击在第一期使产出增加 1.7%。当各种名义合约重新签订并使相对价格水平恢复到初始水平时，产出也恢复到初始水平。

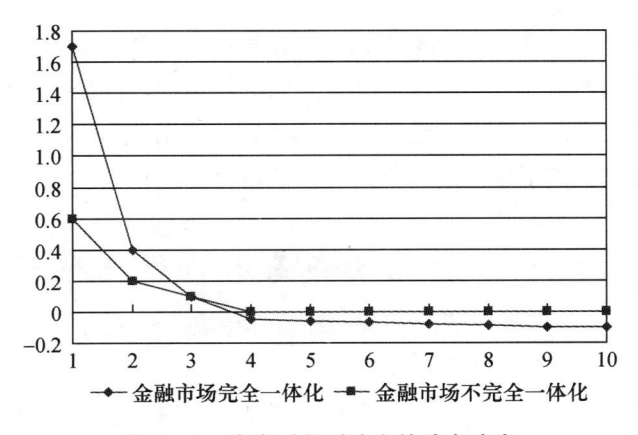

图 3-4 产出对货币冲击的动态响应

(五) 国外债券持有量对货币冲击的动态响应

上述变化使国内行为人在短期内获得较高的收入水平并同时平滑其消费水平,因此,国内行为人必须增加储蓄并增加其持有债券的数量。债券数量增加的长期影响是国内行为人的财富存量增加,使得国内行为人在未来可以增加消费并减少劳动供给。

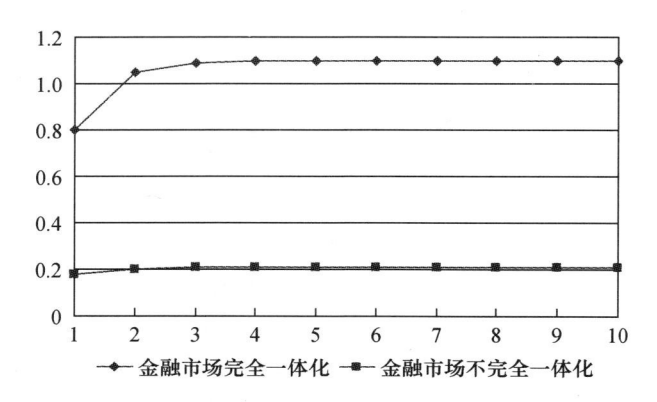

图 3-5　国外债券持有量对货币冲击的动态响应

在国际金融市场不完全一体化的条件下,国内债券与国外债券存在差异并且收益率不同。国内行为人倾向于在国内金融市场上进行交易的事实,使经济遭受上面的非对称货币冲击时降低国内的利率水平。外国的利率水平会相应地提高,并导致国内消费者将资金转移至国际金融市场以获取更高的收益。但相对于完全一体化的国际金融市场,其持有外国债券的增加量大大减少了。

综上所述,随着国际金融市场一体化程度的提高,非对称的货币冲击对利率的影响在降低,但增大了名义和实际汇率的短期波动性。一体化的金融市场增大了产出的波动性,降低了消费的波动性,因为一体化的金融市场为行为人提供了更多的进行消费平滑机会。

第四节　宏观经济基本运行框架及基于中国数据的检验

第三章第二、第三节对基本模型的建立、求解以及模型的数值模拟和结果进行了分析,本节则在以上内容基础上推导出用于描述宏观经济运行的新凯恩斯主义 IS 曲线和菲利普斯曲线,利用中国的数据对其进行检验,并认为,中国经济运行已体现出新凯恩斯主义模型的特征,本章所提供的基本模型以及相应的新凯恩斯主义 IS 曲线和菲利普斯曲线能够对中国宏观经济的基本运行情况予以较好的描述。

一 新凯恩斯主义 IS 曲线和菲利普斯曲线

(一) 新凯恩斯主义 IS 曲线

假定分别是产出随机部分的对数和自然率水平对数。随机部分是指产出对长期确定性趋势的偏离,而后者是指价格和工资具有完全灵活性条件下产出所能达到的水平。实际产出与潜在产出之间的差异被定义为产出缺口:

$$x_t \equiv y_t - z_t \tag{3.61}$$

此外,π_t 为 t 期的通货膨胀,定义为从 $t-1$ 期到 t 期价格变化的百分率。i_t 为名义利率。

由消费的欧拉方程 (3.24),可得①:

$$\begin{aligned} C(1+c_{t+1}) &= C(1+c_t)\left[\beta(1+i_t)\frac{1}{1+E_t\pi_{t+1}}\right]^\sigma \\ (1+c_{t+1}) &= (1+c_t)\left[\beta(1+i_t)\frac{1}{1+E_t\pi_{t+1}}\right]^\sigma \\ \ln(1+c_{t+1}) &= \ln(1+c_t) + \sigma[\ln\beta + \ln(1+i_t) - \ln(1+E_t\pi_{t+1})] \\ c_{t+1} &= c_t + \sigma\ln\beta + \sigma(i_t - E_t\pi_{t+1}) \end{aligned} \tag{3.62}$$

去掉常数项,可得:

$$c_t = -\sigma(i_t - E_t\pi_{t+1}) + c_{t+1} \tag{3.63}$$

假定市场出清条件为 $Y_t = C_t + E_t$,E_t 为政府支出,则式 (3.63) 可写为:

$$y_t - e_t = -\sigma(i_t - E_t\pi_{t+1}) + E_t(y_{t+1} - e_{t+1}) \tag{3.64}$$

$e_t \equiv -\log\left(1-\dfrac{E_t}{Y_t}\right)$ 且为外生变量,由于 $x_t \equiv y_t - z_t$,则式 (3.64) 可写为②:

$$x_t = -\sigma(i_t - E_t\pi_{t+1}) + E_t x_{t+1} + g_t, \quad g_t = E_t\{\Delta z_{t+1} - \Delta e_{t+1}\} \tag{3.65}$$

---

① 此处所用的对数线性化技术的详细内容,参见附录一。
② 由于 e_t 为常数,而 z_t 是具有长期趋势的量,因此,式 (3.64) 至式 (3.65) 的逻辑基础是,用 e_t 近似替代 z_t [由于式 (3.64) 两侧均有 $y-e$,因此,e 与 z 水平上的差异被抵消了],而 z_t 趋势上的变化反映在 g_t 中。

式（3.65）即新凯恩斯主义 IS 曲线，其与传统的 IS 曲线有着显著不同。式（3.65）中，当期产出不仅依赖当期利率，同时也依赖预期产出。预期产出的提高会提高当期的产出：这是因为行为人愿意平滑消费，未来消费水平的提高（等价于未来产出的提高）导致行为人提高当期消费水平并提高了当期的总需求。实际利率对当期产出的负面作用反映了消费的跨期替代。冲击项是预期政府未来支出的函数，由于改变了 IS 曲线，可以将其解释为需求冲击。将式（3.65）向前迭代后会发现，在新凯恩斯主义框架中，对未来经济行为的认识会影响当前经济行为。产出缺口不仅依赖于当期实际利率和需求冲击，同时也依赖于这些变量的未来路径。

（二）新凯恩斯主义菲利普斯曲线

通过对式（3.37）和式（3.38）围绕平均通货膨胀为 0 的稳定状态做对数线性化处理①，由此得出总体通货膨胀表达式：

$$\pi_t = \beta E_t \pi_{t+1} + \tilde{k} \hat{\phi}_t$$
$$\tilde{k} = \frac{(1-\omega)(1-\beta\omega)}{\omega} \tag{3.66}$$

$\tilde{k}$ 是每期能够调价厂商所占比例的递增函数，而 $\hat{\phi}_t$ 是以偏离稳态数值的百分比表示的实际边际成本。

式（3.66）通常被称为新凯恩斯主义菲利普斯曲线，与传统菲利普斯曲线不同的是，新凯恩斯主义菲利普斯曲线表明实际边际成本是通货膨胀过程的真正推动因素，它还表明通货膨胀过程具有前瞻性，因为当前通货膨胀是预期未来通货膨胀的函数。由于厂商可能在若干期无法调整价格，所以当它制定价格时就必须考虑未来通货膨胀。将式（3.66）向前迭代，可以得出：

$$\pi_t = \tilde{k} \sum_{i=0}^{\infty} \beta^i E_t \hat{\phi}_t \tag{3.67}$$

这表明通货膨胀是当前和未来实际边际成本折现值函数，而不是传统菲利普斯曲线中常见的直接取决于实际产出与潜在产出之间的缺口，或者取决于失业相对于自然失业率的高低。但是，实际边际成本可以和某种产出缺口指标相关联，并使菲利普斯曲线转化为预期通货膨胀和产出缺口的

---

① 具体过程参见附录二。

函数，即①：

$$\pi_t = \beta E_t \pi_{t+1} + \lambda x_t + \mu_t$$

$$\lambda = (\mu + 1/\sigma - 1) \frac{(1-\omega)(1-\beta\omega)}{\omega} \quad (3.68)$$

式（3.68）所代表的菲利普斯曲线将通货膨胀与产出缺口和预期通货膨胀相联系，这一点与传统的"预期增广"的菲利普斯曲线相似。一个重要的不同在于预期通货膨胀以可加的形式进入菲利普斯曲线，这一预期通货膨胀是前瞻性的（forward-looking），而非传统菲利普斯曲线中是"后顾性"（backward-loking）的通货膨胀预期。在新凯恩斯主义菲利普斯曲线中，通货膨胀依赖当期和未来的经济条件，厂商基于预期的边际成本制定价格。产出缺口反映了边际成本变化，冲击项可以解释为成本冲击或技术冲击，它反映了能够影响预期边际成本的因素。

二　基于中国数据的检验

（一）数据来源与处理

1. 中国 GDP 的季度数据

中国 GDP 季度数据（1992 年 1 月—2007 年 4 月）的原始数据来自中经网统计数据库，如图 3-6 所示。

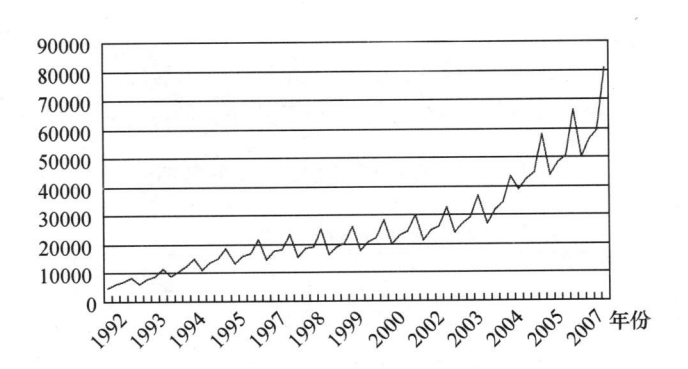

图 3-6　中国 GDP 季度数据

将图 3-6 中的 GDP 季度数据进行季节调整（使用加法公式）之后，得到图 3-7。

---

① 具体过程参见附录二。

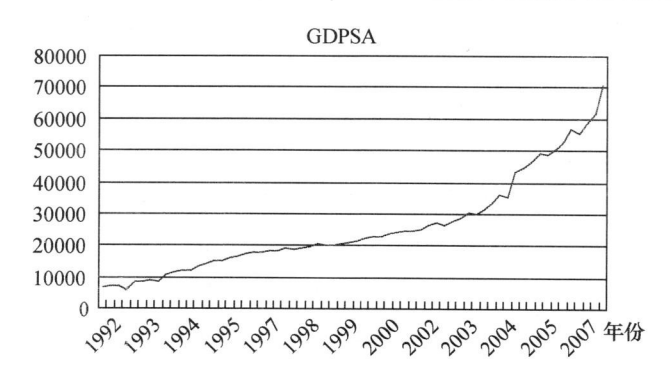

图 3-7 经季节调整后的中国 GDP 季度数据

将图 3-7 中的数据进行 HP 滤波，可得 GDP 的趋势部分（见图 3-8）和周期部分（见图 3-9）。

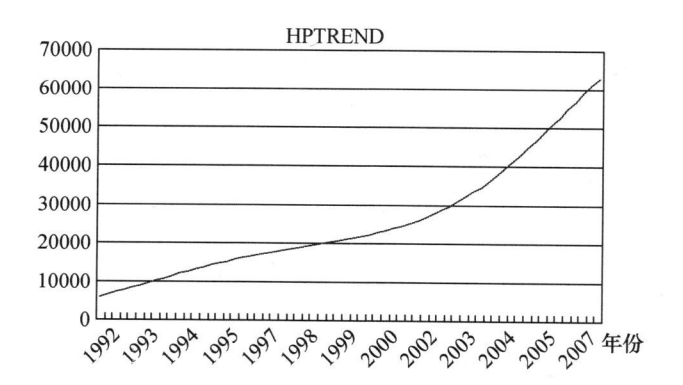

图 3-8 中国 GDP 季度数据的趋势部分

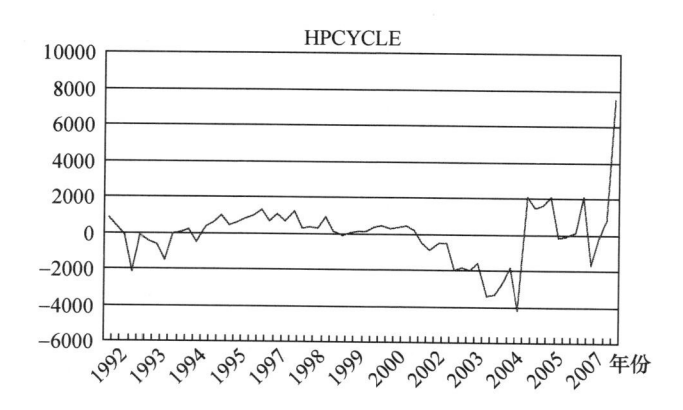

图 3-9 中国 GDP 季度数据的周期部分

通过如下公式，可求得我国的 GDP 产出缺口（见图 3-10）：

$$GDPGAP = 100 \times (GDPSA - HPTREND) / HPTREND \qquad (3.69)$$

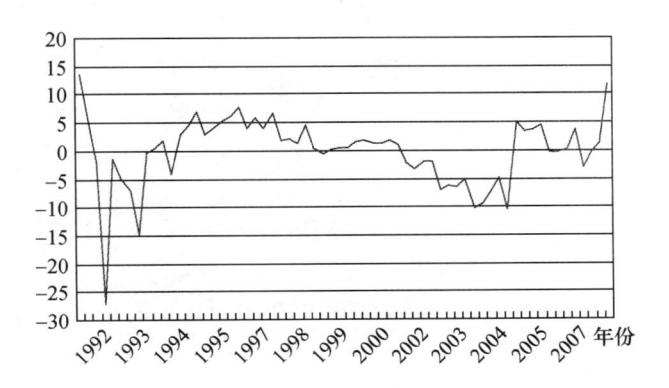

图 3-10 中国 GDP 产出缺口

2. 中国的通货膨胀

从中经网统计数据库可得居民月度消费价格环比增速（1995 年 2 月至 2008 年 2 月），通过计算可得中国季度通货膨胀率如图 3-11 所示。

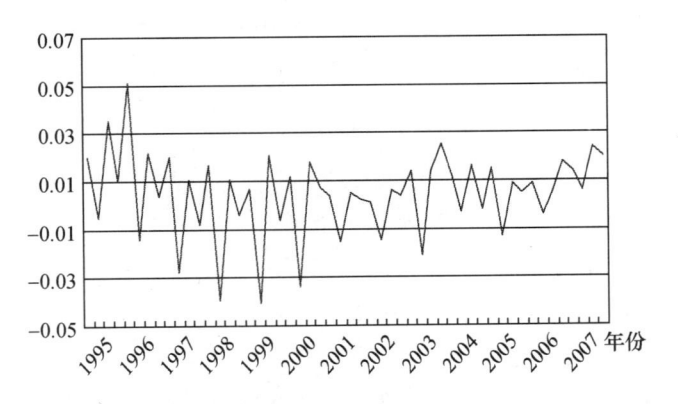

图 3-11 中国季度通货膨胀率

将图 3-11 中季度通货膨胀率进行季节调整后可得到图 3-12。

3. 利率

1996—2007 年的利率为 90 天银行间同业拆借利率（来自中经网统计数据库，见图 3-12），1992—1995 年的利率为半年期银行贷款基准利率。

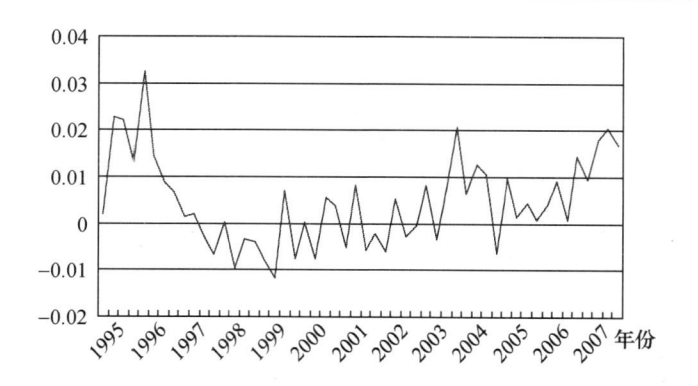

图 3 – 12　经季节调整后的中国季度通货膨胀率

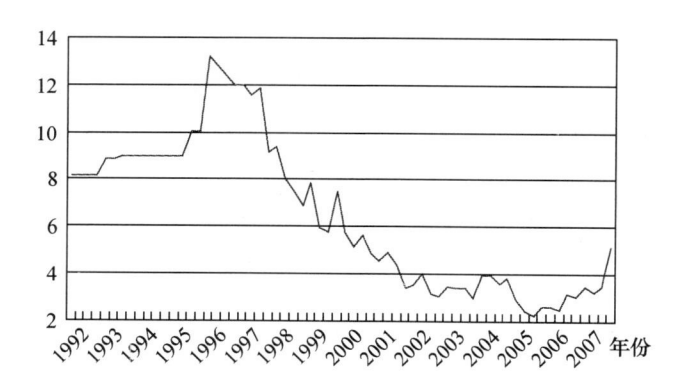

图 3 – 13　1992—2007 年利率

(二) 对新凯恩斯主义 IS 曲线的估计

由新凯恩斯主义 IS 曲线式 (3.65) 可构造所需估计的方程为：

$$Gap(t) = c(1) + c(2)Interest(t) + c(3)Inflation(t+1) + c(4)Gap(t+1) + \varepsilon_t \tag{3.70}$$

通过估计发现，中国经济运行的消费面符合新凯恩斯主义模型，估计结果如表 3 – 1 所示。

(三) 对新凯恩斯主义菲利普斯曲线的估计

由新凯恩斯主义菲利普斯曲线式 (3.68) 可构造所需估计的方程为：

$$Inflation(t) = c(1) + c(2)Inflation(t+1) + c(3)Gap(t) + \varepsilon_t \tag{3.71}$$

通过估计发现，2001 年第一季度开始，上式中主要参数的估计值均

表 3 – 1　　　中国新凯恩斯主义 IS 曲线的估计结果

Dependent Variable: GAP			
Explanatory Variables	Coefficient	Std. Error	t-Statistic	Prob.
C	-1.456681	1.088282	-1.338515	0.1878
INTEREST	-0.311132	0.166580	-1.867764	0.0686
INFLATISA (1)	112.8217	57.50100	1.962082	0.0562
GAP (1)	0.531349	0.111381	4.770558	0.0000
R-squared	0.565337	Mean dependent var	0.100478	
Adjusted R-squared	0.535012	S. D. dependent var	4.543405	
S. E. of regression	3.098149	Akaike info criterion	5.180752	
Sum squared resid	412.7367	Schwarz criterion	5.338211	
Log likelihood	-117.7477	Hannan-Quinn criter.	5.240005	
F-statistic	18.64244	Durbin-Watson stat	2.156765	
Prob (F-statistic)	0.000000			

显著，这表明，从 2001 年第一季度开始，中国经济运行的供给面符合新凯恩斯主义模型，估计结果如表 3 – 2 所示。

表 3 – 2　　　中国新凯恩斯主义菲利普斯曲线的估计结果

Dependent Variable: INFLATION			
Explanatory Variables	Coefficient	Std. Error	t-Statistic	Prob.
C	-0.016665	0.012417	-1.342184	0.1932
INFLATION (1)	0.643656	0.150962	4.263684	0.0003
GAP (1)	0.008323	0.004147	2.007065	0.0572
AR (1)	-0.062258	0.164493	-0.378487	0.7087
MA (1)	-1.580284	0.354978	-4.451784	0.0002
R-squared	0.705521	Mean dependent var	0.046235	
Adjusted R – squared	0.651980	S. D. dependent var	0.233446	
S. E. of regression	0.137717	Akaike info criterion	-0.961654	
Sum squared resid	0.417252	Schwarz criterion	-0.721684	
Log likelihood	17.98233	Hannan – Quinn criter.	-0.890299	
F – statistic	13.17708	Durbin – Watson stat	2.068168	
Prob (F – statistic)	0.000013			

第五节 结 论

本章提供了一个基于新凯恩斯主义的开放经济条件下且考虑金融市场一体化进程的宏观经济模型,通过基本模型的一阶最优条件发现:引入金融市场一体化并没有改变家庭的最优货币需求和最优劳动力供给,消费的欧拉方程也与奥布斯特费尔德和罗戈夫(1995)结论相似,金融市场不完全一体化主要对家庭将其财富在国内、外债券间进行分配产生影响,即非套补利率平价(UIP)在金融市场不完全一体化条件下不再成立。同时,通过对基本模型的数值模拟发现:随着金融市场一体化程度提高,非对称的货币冲击对利率的影响在降低,但是,增大了名义和实际汇率的短期波动性,并且一体化的金融市场增大了产出的波动性,降低了消费的波动性,因为一体化的金融市场为行为人提供了更多机会进行消费平滑。

本章的理论分析同时证明,通过消费者和厂商的一阶最优条件可以得出新凯恩斯主义 IS 曲线和菲利普斯曲线,这两条曲线可以作为新凯恩斯主义模型的核心方程并用于描述一国宏观经济的基本运行状况。通过中国数据对基本模型中所得的新凯恩斯主义 IS 曲线和菲利普斯曲线进行经验验证,并认为,中国宏观经济运行已体现出新凯恩斯主义模型特征,本章所提供的基本模型能较好地描述中国宏观经济运行的特征。

最后,本章的理论建模和经验研究为接下来的最优货币政策和货币政策国际协调分析提供了研究基础。

第四章 金融市场一体化进程中的货币政策

一国货币政策的制定与执行必须依赖其具体的经济结构和金融结构，并且也必然伴随其客观经济、金融结构的变化而进行相应调整。作为新兴市场经济国家的中国，其对外开放程度、金融市场一体化程度不断提高，这必然会对中国货币政策的制定与执行提出新的问题和挑战。

上一章分析发现，我国宏观经济运行已表现出新凯恩斯主义模型特征，即消费者和厂商的行为均具前瞻性，未来经济状态的变化会对其当期行为产生重要影响。通过对理论模型的数值模拟可以看出，随着金融市场一体化程度的提高，各国的汇率、产出、资本流动（反映为对国外债券的持有量）的波动性在增大，而消费的波动性在下降，这是因为一体化的金融市场为行为人提供了更多的机会进行消费平滑。我国宏观经济运行的上述变化会对我国货币政策制定与执行产生怎样影响，货币当局应做出何种调整以适应经济结构和金融结构的变化，并最终制定出更为有效的货币政策，对这些问题的回答是本章的主要任务。

第一节 引言

一 货币理论与政策的演变及发展

20世纪之前，传统的货币理论是古典经济学理论体系组成部分，它是与经济理论截然分开的。古典经济学家将统一的经济整体机械地分为实物面和货币面两个对立面进行研究，并将经济理论与货币理论截然分开，从而形成了古典学派的传统"两分法"和所谓的"货币面纱观"。古典经济学理论体系包括两个部分：一部分是瓦尔拉斯一般均衡理论，研究商品供求与商品相对价格的关系，论证商品的相对价格决定于商品供求关系，即决定于实体经济方面；另一部分是传统的货币数量论，研究货币数量与商品绝对价格的关系，论证了商品的绝对价格水平取决于货币数量及货币流通速度，即决定于经济的货币方面。经济的实体面和货币面之间并没有内在的有机联系，"两分法"的要害在于否定货币对实体经济的影响，认为货币是商品交换的媒介，只是在流通领域发挥作用，只不过是覆盖于实体经济之上的一层"面纱"，它的变动只影响一般物价水平的变动，而不会对实体经济产生影响，货币对实体经济的作用是"中性"的。在古典经济学家看来，经济的长期发展完全是实体经济因素决定的，因而政府任何积极的货币政策都是多余的，甚至是有害的，货币政策的任务只是在于控制货币数量，稳定物价水平，维持货币购买力。

20世纪初，瑞典经济学家魏克赛尔首先对古典经济学的"货币面纱观"提出了挑战，他提出利率影响具有累积效应。"累积过程学说"揭示了货币对实体经济的积极作用，从而将货币理论与经济理论融合为一，建立了统一的货币经济理论。魏克赛尔将货币理论的研究从一般价格水平扩展到相对价格体系，论述了货币对经济均衡的重要意义，第一次明确提出：就货币的媒介职能而言，货币是中性的；但就货币的储藏职能而言，货币在融通资本借贷过程中会促进储蓄向投资转化，因而是非中性的。货币会通过货币利率与自然利率的背离首先影响商品的相对价格体系，进而对一般价格水平产生影响。这就是说，货币对一般物价水平的影响是间接的，其间接作用过程也就是货币对经济均衡的作用过程，经济均衡是一种货币均衡而非瓦尔拉斯均衡。

20世纪30年代，凯恩斯的《就业、利息和货币通论》被称为经济理论的一场革命，这本书深入揭示了货币对实体经济的影响，将货币理论与经济理论融合在一起，填平了货币与实体经济之间的壕沟，奠定了货币理论的基础，为国家运用货币政策干预经济提供了理论依据，从此，以货币政策为研究核心的宏观金融理论得到了空前发展。

20世纪50年代，新古典综合学派的货币理论在凯恩斯主义需求管理理论基础上发展而来。新古典综合学派认为，货币供给的变化引起利率变化，从而对投资产生影响，由此引起总需求变化，最终引起国民生产总值和物价变化。

20世纪60年代，以弗里德曼为代表的货币主义学派获得巨大发展。货币主义学派把货币的作用看成是理解宏观经济如何随时间推移而演变的核心。在货币主义者看来，货币供给是名义 GDP 短期变动的主要决定因素；而在长期，货币则是价格的主要决定因素。按照货币主义学派观点，政府应该公开放弃对经济进行微调而代之以固定的规则，避免干预自由市场。货币主义对于货币政策作用的认识主要体现于：怀疑随意性和激进的货币政策，寻求简单固定的政策规则。货币政策应该防止对宏观经济产生货币冲击，使货币数量保持一定的增长，以适应生产率提高的趋势。弗里德曼（1969）认为，名义利率为 0 时可以提供最优的货币数量。

20 世纪 70 年代"理性预期学派"和"新古典宏观经济学"认识到行为人的经济行为具有前瞻性，因此，在制定货币政策时必须考虑货币政策对预期的影响。新古典宏观经济学更进一步发现，即使央行对私人部门预期的决定因素有正确认识，缺乏可信性的货币政策只能获得次优的结果。私人部门与政府协调失败的理论分析对 20 世纪 70 年代政策制定者所面对的政策困境给予了解释。该模型指出，为避免这一政策困境，政策制定者应严格控制通货膨胀；在实践中，尽管通货膨胀和经济行为存在短期权衡关系，货币当局将控制通货膨胀作为其基本目标并建立反通胀的声誉十分重要。

20 世纪 80 年代创立的"真实经济周期理论"认为经济周期的存在并不是市场机制的失败，而是经济对外生生产率冲击的最优反应。真实经济周期认为，货币政策对经济没有任何影响，因此，该理论认为 19 世纪货币理论所提出的"古典二分法"即使在短期内也是成立的。

二　相机抉择与货币政策规则

由于认识到货币对实体经济能够产生重大影响，因此，货币政策制定者主张利用货币政策微调经济，使经济更加平稳增长。但随着理性预期的引入，经济学家发现：如果货币政策缺乏可信性，货币当局的政策意图由于会被社会公众所认识，利用货币政策调节经济只能达到次优的结果。此后，对货币政策规则和相机抉择的研究就一直是货币理论与政策研究的重点。

货币政策的相机抉择也称为积极的货币政策，是指政策制定者对当前经济状况的变化反应积极，即所谓的"逆经济风向而动"，它的灵活性特点使之至今仍被许多国家的中央银行采用。

货币政策规则（monetary policy rules）是货币当局进行货币政策决策和操作的指导原则，最优、时间一致（time consistent）和前瞻性（fordward-looking)的货币政策规则不仅可以指导货币当局制定切实可行的货币政策,促进经济的平稳发展,而且可以提高货币政策的有效性、可信性(credibility)和透明度。同时,货币政策规则也为评价货币政策提供了一个客观的基本框架,使人们能够比较各种货币政策的实施效果及其对社会福利的影响。

由于按规则行事的预期成本可能抵消其收益,直到1983年中央银行都未主动采用这种非积极的政策。巴罗和戈登(Barro and Gordon,1983)的论文将基德兰和普雷斯科特(Kydland and Prescott,1977)有关规则和相机抉择问题的开创性工作引入一个令政策制定者深信不疑的框架。货币当局仍然可以执行一种货币政策规则,即预先确定根据信息变量变化而做出的反应,只要规则可信、透明且易于操作,货币当局就会拥有声誉,通胀偏差(inflation bias)问题就可以避免。

有关货币政策规则优于相机抉择的两个主要论点是:第一,弗里德曼(1948)提出的工具非稳定性问题,经济政策实施后,漫长且易变的滞后效应可能导致积极的反周期政策出现不稳定现象;第二,更主要的论据源于基德兰和普雷斯科特(1977)有关动态不一致性问题开创性研究。动态不一致性问题研究表明,如果对规则进行预承诺(pre-commitment),就可以实现社会福利的帕累托改进。在理性预期机制下,私人部门知道中央银行存在制造短期通货膨胀的诱惑,这样,私人部门就会调整其通胀预期从而使通胀偏差成为纳什均衡结果。因此,消除通货膨胀非一致性升水(inconsistency premium)的唯一办法就是实施货币政策规则。

三 最优货币规则

斯文森(Svensson,1999、2002)将货币政策规则分为目标规则和工具规则,目标规则是通过求解货币当局自身最优化问题(该最优化问题定义了央行的目标函数以及描述经济的模型)得出的,因此,目标规则依赖于模型的设定。货币当局的目标函数是以通货膨胀、产出缺口和名义利率为自变量的函数,货币政策规则通常为一反应函数,它给出了货币政策工具(通常为名义利率)对状态变量的最优反应规则。有关目标规则最有影响的论文为克拉里达、加利和格特勒(1999)以及斯文森(1999)。

其他学者主张货币当局使用更易于实施的简单规则,简单规则由于具有更强的稳定性而受到许多学者青睐。这些简单规则被斯文森等学者称为工具规则。首先提出工具规则是由弗里德曼（1959）提出的不变货币增长规则，泰勒和麦卡卢姆是当今工具规则方面最重要的学者。泰勒（1993）提出的名义利率规则是最为著名的工具规则，根据这一规则，货币当局应根据通货膨胀高于（低于）目标而提高（降低）名义利率。支持利率规则的学者认为基于最优控制的目标规则由于过于依赖模型的设定而会产生误导，而利率规则由于简单、易于操作，并且能够与社会公众之间建立起良好的沟通机制，因而更加有效。

工具规则一般是根据特定的货币政策工具设计的（泰勒规则就关注短期利率）；目标规则一般由最优化模型导出，该模型使中央银行预先确定的损失函数最小化（Walsh，1998）。目标规则较为普遍，因为中央银行不需要将降低总损失时刻记在心上。工具规则最主要优势在于，对公众来说，它非常清楚并易于交流。经济学家普遍认为，如果相信行为人是前瞻性的，规则较相机抉择就有相当明显的优势。

四 小结

随着宏观经济学的不断发展，经济学家对经济运行机制的认识也不断加深，对经济波动产生的原因以及如何利用货币政策改善经济运行有了新的认识。基于上面分析，货币政策规则与相机抉择是当今货币政策理论学家对该领域的主要研究问题，并认为，由于行为人的预期是理性的，货币政策规则能够帮助货币当局获得政策可信性，从而将经济的运行结果推向更优的均衡。

随着中国对外开放进程的不断加快，金融市场一体化进程的推进，相机抉择的货币政策会因行为人具有理性预期且更为灵活的资产配置选择权而失效。因此，本章致力于以新凯恩斯主义模型为基础，寻找中国在未来经济发展中最优的货币政策规则。

第二节 金融市场一体化进程中最优货币规则

关于货币政策制定与执行的讨论集中在工具、操作目标、中间目标以及政策目标等方面（Walsh，2003）。工具是指由中央银行直接控制的变量，它们通常包括从中央银行借入准备金而支付的利率、法定准备金率以及中央银行自身资产负债构成。中央银行一般通过操纵政策工具来实现某一预先设定的操作目标,后者一般是某种银行准备金指标(准备金总额、借入准备金,或等于前两者之差的非借入准备金)、某种期限极短的利率——通常是银行同业隔夜拆借利率(如美国联邦资金利率),或者是一个利率与汇率的货币状况指数。

政策目标是决策者最终关心的变量,如通货膨胀,或者失业相对于其自然水平的偏离,而工具是决策者能直接控制的变量。在从政策工具通向实际经济活动及通货膨胀的诸多环节中,中间目标介于操作目标和政策目标之间。因为某些或者全部政策目标变量要隔很长时间才能观察到,而关于利率、汇率或货币总量的数据能以较快的频率取得,所以这些变量的变动情况通常可以向中央银行提供事关政策目标变量的经济运行情况的信息。

工具、操作目标、中间目标以及政策目标体现了从直接受中央银行控制的工具到终极政策目标的顺序。实际上,政策设计思路正好相反:首先从政策目标开始,得出与之相适用的中间目标的数值,然后得出实现该中间目标所需的操作目标数值,最后设定有关工具以实现所需的操作目标。

一 货币政策目标

(一)最终目标

麦卡卢姆(1999)定义了货币政策的最终目标可以是社会福利,或是产出的稳定增长和低失业。假定货币当局是一个仁慈的社会计划者,则可以假定货币当局的最终目标是经济持续、稳定的增长,换句话说就是经济在低通货膨胀条件下实现长期、稳定的增长。首先,经济的长期增长意味着社会持续不断地创造出更多的财富,社会公众的福利水平可以不断得到提高;其次,为什么一定要在低通货膨胀的条件下实现经济的持续增长呢?因为高通货膨胀或者不确定的通货膨胀对提高社会公众的福利水平是不利的,它主要表现为鞋底成本、菜单成本、扭曲税收体系所带来的成本等。不仅如此,通货膨胀还使相对价格偏离最优的相对价格水平,这对市场结构和市场主体之间建立长期关系有复杂影响。此外,通货膨胀使那些以名义水平安排投资计划的个人和厂商在退休金储蓄、评估抵押的真实负担和做长期投资决策时出现重大失误,使社会公众受到损失。

在新凯恩斯主义框架中,货币当局的最终目标的设定方法主要有两种观点:一种观点认为,货币政策的目标函数为代表性行为人的效用函数,因为这样获得的最优货币政策可以使代表性行为人的效用最大化;而另一种观点则认为，应该以二次损失函数作为货币政策的目标函数，因为这种方法可以避免以代表性行为人效用函数为目标函数的许多不足。

以代表性行为人效用函数作为货币当局目标函数的不足为：第一，该方法并不能反映通货膨胀给行为人所带来的主要成本，即通货膨胀的变化给行为人一生的金融计划和企业的经营规划都带来了不确定性（Brad and DeLong，1997）；第二，如果社会中的一些群体会在经济波动中遭受比其他群体更大的损失（如钢铁工人相对于大学教授），并且保险和信贷市场均不完善的情况下，该方法并不能对经济周期中行为人的福利水平提供准确的度量。

因此，本书与大多数文献一样假定货币当局的目标函数为最小化二次损失函数，即：

$$\max -\frac{1}{2}E_t\left\{\sum_{i=0}^{\infty}\beta^i[\alpha x_{t+i}^2 + \pi_{t+i}^2]\right\} \quad (4.1)$$

参数 α 为货币当局在产出偏差上的权重。其中，$x_t \equiv y_t - z_t$，因此，货币当局将潜在产出 z_t 和 0 通货膨胀作为其目标。

（二）中间目标

中央银行必须针对关于经济运行真实状况的不尽完整而且不尽完美的信息做出反应。在这种条件下，实际上的货币政策通常都是以中间目标形式制定出来的（Walsh，2003）。中间目标是指那些变动可以为预测政策目标变量提供有用信息的变量。中间目标相对其预期轨迹的偏离预示着政策目标变量也很有可能偏离其目标值，因此表明有必要进行政策调整。

1. 可选择的中间目标

货币供应量被很多国家在不同时期用作货币政策的中间目标，其优点在于货币当局能够方便准确地获得相关数据，对其控制能力较强，而且抗干扰性好，作为内生变量是顺经济循环的，作为政策变量则逆经济循环，政策效果明显。但金融创新的发展影响货币需求的稳定性和货币供给的可控性，货币供给的内生性加强使得这一中间目标的良好特性丧失。

自 20 世纪 30 年代开始，英美等西方国家在运用货币政策时，把利率作为货币政策的中介目标。以利率为中间目标的优点是能够反映货币资金供给与需求的相对数量，同时也是货币当局能迅速施加影响、控制的金融变量之一。

2. 金融市场一体化进程中货币政策中间目标的选择

货币政策中间目标的选择及其运用方式很大程度取决于不同国家的社会经济金融状况和背景。各国历史背景、经济发展起点及金融体制不同，中间目标选择亦不同。同一国家，不同的经济发展阶段，其金融变革与创新的程度也不相同，因此，中间目标的选择也不应固定在一个模式上。货币政策中间目标的选择必须根据客观市场环境，特别是金融市场的新变化及时做出调整。

20世纪60年代以来的西方国家金融领域，以大额可转让定期存单为典型代表的金融工具以及其他种种创新层出不穷，直接导致货币流通速度发生变化，使货币需求不再稳定可测；货币供给内生性增强，可控性下降；货币量的变动与宏观经济状况的相关性也因金融市场的日益繁荣和金融工具的日趋丰富而日趋下降。在这种情况下，传统的以货币供应量为货币政策中介目标变得不合时宜。主要发达国家先是纷纷将货币政策中间目标转向价格变量如利率和汇率，20世纪90年代以后，部分发达国家又改变了货币政策操作策略，转向通货膨胀目标制。

从前面的论述中可以看出，随着我国金融市场一体化进程的不断加快，金融创新会导致金融工具的不断出现，将货币供给作为我国货币政策中间目标的有效性会大大降低，这将影响我国货币政策制定与执行的实际效果，因此，本书将利率作为货币政策中间目标加以讨论。

二 货币政策的约束条件

一国宏观经济运行方式是对该国货币当局制定货币政策时最重要的约束条件，前文已证明，随着我国经济全球化和金融市场一体化进程的不断加快，我国宏观经济运行已体现出新凯恩斯主义模型的特征，因此，利用新凯恩斯主义IS曲线和菲利普斯曲线可以对货币政策的约束条件进行较好描述。

假定 y_t 和 z_t 分别是产出随机部分的对数和自然率水平的对数。随机部分是指产出对长期确定性趋势的偏离，而后者是指价格和工资具有完全灵活性条件下产出所能达到的水平。实际产出与潜在产出之间的差异被定义为产出缺口 x_t：

$$x_t \equiv y_t - z_t \tag{4.2}$$

此外，π_t 为 t 期的通货膨胀，定义为从 $t-1$ 期到 t 期价格变化的百分率。i_t 为名义利率，则IS曲线和菲利普斯曲线分别为：

$$x_t = -\sigma(i_t - E_t \pi_{t+1}) + E_t x_{t+1} + g_t$$
$$\pi_t = \beta E_t \pi_{t+1} + \lambda x_t + u_t \qquad (4.3)$$

g_t 和 u_t 为服从下列分布的冲击项：

$$g_t = \mu g_{t-1} + \hat{g}_t$$
$$u_t = \rho u_{t-1} + \hat{u}_t \qquad (4.4)$$

$0 \leqslant \mu、\rho \leqslant 1$、$\hat{g}_t$ 和 $\hat{u}_t$ 是均值为 0，方差分别为 σ_g^2、σ_u^2 的独立同分布的随机变量。

三 相机抉择下的最优货币政策

货币政策的制定就是通过确定货币政策中间目标 i_t 以使目标变量 x_t 和 π_t 达到使货币当局目标函数最大化的值。在金融市场一体化进程中，经济运行符合新凯恩斯主义模型，亦即货币政策的目标变量不仅依赖当期政策，并且未来政策也会对其产生影响。产出缺口依赖未来的通货膨胀和未来的产出缺口，而通货膨胀则依赖产出缺口在当期和未来的水平。正如基德兰和普雷斯科特（1977）最早提出的，在行为人具有前瞻性预期政策环境中，未来货币政策意图的可信性便成为一个极为重要的问题。例如，若中央银行能够以一种可信方式向社会公众传递其在未来将会维持低通胀水平的政策意图，则中央银行能够以较低的成本降低当期的通货膨胀。

从政策设计角度看，提高货币政策可信性的承诺是否是中央银行所需要的？通过比较相机抉择和规则下最优货币政策的福利水平可以回答上面的问题。在本书中，相机抉择下的中央银行每期都重新确定利率 i_t 以最大化其目标函数，过去任何的承诺都不对当期的政策选择构成约束。而在规则下，利率水平的决定规则一旦确定便不能够改变，利率只能根据经济状态做出调整，而其调整的方向和力度都是事先规定好的。

从相机抉择开始讨论最优货币政策基于以下两个原因：第一，这一理论基准更为符合经济现实，在现实中，世界各主要央行大部分都不能对其未来的政策行为做出任何有约束力的承诺；第二，要更好地理解对货币政策规则进行承诺以及其他能够提高货币政策可信性的制度工具，则首先对相机抉择进行分析是十分必要的。

在每一期，货币当局会重新选择 x_t 和 π_t 以最大化下式：

$$-\frac{1}{2}[\alpha x_t^2 + \pi_t^2] + F_t \qquad (4.5)$$

并受下面式子的约束：

$$\pi_t = \lambda x_t + f_t \tag{4.6}$$

$$F_t \equiv -\frac{1}{2}E_t\left\{\sum_{i=1}^{\infty}\beta^i[\alpha x_{t+i}^2 + \pi_{t+i}^2]\right\}$$

$$f_t \equiv \beta E_t \pi_{t+1} + u_t \tag{4.7}$$

式（4.5）和式（4.6）是式（4.3）的另一种表达方式，它表明在相机抉择下：第一，未来的通货膨胀和产出缺口并不受当前的政策行为影响；第二，货币当局无法控制通货膨胀预期。将式（4.5）对 x_t 求导并结合式（4.6），可得上述问题解的一阶条件为：

$$x_t = -\frac{\lambda}{\alpha}\pi_t \tag{4.8}$$

上述条件表明，在相机抉择下，货币当局执行一种"逆风向而行"（lean against the wind）的政策：当通货膨胀高于目标水平，则通过提高利率降低总需求，货币当局降低产出缺口 x_t 的力度与 λ（一单位产出损失所能带来通货膨胀下降的数量）成正比，与 α（货币当局在产出损失上所置的相对权重）成反比。

通过式（4.8）和式（4.3）中的菲利普斯曲线，并假定私人部门具有理性预期，可得目标变量 x_t 和 π_t 的解析解：

$$x_t = -\lambda q u_t$$

$$\pi_t = \alpha q u_t$$

$$q = \frac{1}{\lambda^2 + \alpha(1-\beta\rho)} \tag{4.9}$$

通过式（4.9）和式（4.3）中的 IS 曲线，可得利率的最优反应函数：

$$i_t = \gamma_\pi E_t \pi_{t+1} + \frac{1}{\phi}g_t, \quad 且\ \gamma_\pi = 1 + \frac{(1-\rho)\lambda}{\rho\phi\alpha} > 1, \quad E_t\pi_{t+1} = \rho\pi_t = \rho\alpha q u_t \tag{4.10}$$

至此，就完成对相机抉择下最优货币政策的分析与描述，这一分析框架和方法是随后其他最优货币政策分析的基础。

四 通货膨胀偏差

基德兰和普雷斯科特（1977）、巴罗和戈登（1983）分析了当产出缺口这一目标变量大于 0 时最优货币政策及其结果。此时，货币政策的目标函数为：

$$\max -\frac{1}{2}E_t\left\{\sum_{i=0}^{\infty}\beta^i[\alpha(x_{t+i}-k)^2+\pi_{t+i}^2]\right\}, k>0 \tag{4.11}$$

当 $k>0$ 时，上述问题的一阶条件与式（4.8）的求解过程相同，且为：

$$x_t^k = -\frac{\lambda}{\alpha}\pi_{t+k}^k \tag{4.12}$$

将 IS 曲线和菲利普斯曲线代入式（4.12），可得目标变量 x_t、π_t 的解析解：

$$x_t^k = x_t$$

$$\pi_t^k = \pi_t + \frac{\alpha}{\lambda}k \tag{4.13}$$

上述结果表明：当货币当局倾向于将产出提高至潜在产出水平之上时，由于社会公众具有理性预期，其实际均衡结果是产出没有提高，而通货膨胀却被提高了。可见，由于通货膨胀偏差的存在，货币当局无法从系统的扩张性货币政策中获益。

五 货币政策可信性与承诺所带来的收益

自基德兰和普雷斯科特（1977）、巴罗和戈登（1983）以及罗戈夫（1985）之后，大量经济学文献都围绕货币政策可信性问题进行研究。从政策应用角度，可将这期间出现的文献分为两大类：第一类强调在相机抉择下所存在的持续性通货膨胀偏差问题，正如上节所讨论的，存在通货膨胀偏差的根本原因在于货币当局倾向于将产出推向高于潜在产出的水平；第二类强调如果社会公众认识到货币当局致力于反通胀，则货币当局治理通货膨胀成本非常高，该问题的根源在于工资和价格的设定依赖于行为人对未来价格水平的预期，而对未来价格水平的预期取决于当期货币政策行为。这两类文献共同之处在于：它们都强调货币当局应通过各种方式建立起货币政策可信性，从而降低治理通货膨胀的成本。

只要价格设定依赖对未来的预期，则建立货币政策可信性可降低治理通货膨胀的成本。更进一步，对货币政策反应规则施加某种形式约束承诺下的最优货币政策会与相机抉择下的最优货币政策有较大不同。

在相机抉择下最优货币政策的分析中，产出缺口 x_t 只针对外生成本冲击 u_t 做出反应，如式（4.9）所示。基于此，本书对目标变量 x_t 施加一个有约束的规则，该规则依赖于基础冲击 u_t 并符合下式：

$$x_t^c = -\omega u_t, \omega > 0 \tag{4.14}$$

上式中的 ω 为货币政策反应规则系数，x_t^c 为对货币政策予以承诺条件下 x_t 的最优值，利用式（4.14）和式（4.3）中的菲利普斯曲线，可以得出承诺下最优的通货膨胀率 π_t^c：

$$\pi_{t+1}^c = \lambda x_t^c + \beta E_t \pi_{t+1}^c + u_t = E_t \sum_{i=0}^{\infty} \beta^i [\lambda x_{t+i}^c + u_{t+i}]$$

$$= E_t \sum_{i=0}^{\infty} \beta^i [-\lambda \omega u_{t+i} + u_{t+i}] = \frac{1-\lambda\omega}{1-\beta\rho} u_t \quad (4.15)$$

式（4.15）可以改写为：

$$\pi_t^c = \frac{\lambda}{1-\beta\rho} x_t^c + \frac{1}{1-\beta\rho} u_t \quad (4.16)$$

在承诺情况下，降低一单位的产出缺口 x_t^c，需降低 $\lambda/(1-\beta\rho)$ 单位的通货膨胀，相机抉择下则需降低 λ 单位通货膨胀，而 $\lambda < \lambda/(1-\beta\rho)$，因此，承诺下的货币政策规则还会对未来产出缺口的预期产生影响，即承诺力度 ω 的选择不仅会影响当期的 x_t，也会对未来 x_t^c 的行为产生影响。货币当局如果能够对一严格的货币规则（ω 的值较高）进行承诺，它就能更为可信地向社会公众传递出货币当局会对持续性供给冲击（u_t）做出严厉反应。由于通货膨胀依赖于未来超额需求的数量，对严厉规则的承诺会大幅度减少降低通货膨胀导致的产出损失。

接下来对承诺下最优货币政策进行分析。首先，承诺下货币当局的目标函数为：

$$\max -\frac{1}{2} E_t \left\{ \sum_{i=0}^{\infty} \beta^i [\alpha (x_{t+i}^c)^2 + (\pi_{t+i}^c)^2] \right\} \quad (4.17)$$

上述问题解的最优条件为：

$$x_t^c = -\frac{\lambda}{\alpha^c} \pi_t^c, \quad \alpha^c \equiv \alpha(1-\beta\rho) < \alpha \quad (4.18)$$

由于 $\alpha^c < \alpha$，则对规则进行承诺条件下，货币当局在面临通货膨胀压力时需要更大程度地紧缩产出。利用式（4.16）和式（4.18）可以得出 x_t^c 和 π_t^c 的均衡解：

$$x_t^c = -\lambda q^c u_t$$
$$\pi_t^c = -\alpha^c q^c u_t$$
$$q^c = \frac{1}{\lambda^2 + \alpha^c(1-\beta\rho)} \quad (4.19)$$

从上面结果可以看出，承诺下的结果与相机抉择下的相似，但是，在

经济遭受成本冲击 u_t 时，承诺下的通货膨胀水平更接近于目标水平，而产出水平相对于相机抉择则更多偏离了目标。通过将 x_t、π_t、x_t^c、π_t^c 分别代入货币当局的目标函数并比较后发现，对货币政策规则予以承诺会提高货币当局福利水平。从经验的角度看，由于通货膨胀取决于对未来产出缺口的预期，货币当局力图使私人部门相信货币当局是一个反通胀的政策制定者，这会使得私人部门不会在通货膨胀下过多地降低当期需求水平。为了更好地理解这一点，假定经济遭受到有利成本冲击，如果货币当局可以任意不遵守规则，则其会在每期选择相机抉择下的最优货币政策，即仅较小程度地紧缩产出（相对于承诺下）以治理通货膨胀。除非货币当局建立具有可信性的承诺，具有理性预期的行为人将会认识到货币当局不会在未来较大规模地紧缩需求以治理通货膨胀，因此，在没有承诺条件下，成本冲击会导致较高的通货膨胀。需再次予以强调的是，承诺能够带来收益并不是因为货币当局希望将产出推至高于潜在产出的水平，而是因为模型中通货膨胀预期具有前瞻性的特性所导致的。

通过式（4.19）和式（4.3）中的 IS 曲线，可得承诺下利率的最优反应函数：

$$i_t = \gamma_\pi^c E_t \pi_{t+1} + \frac{1}{\phi} g_t$$

$$\gamma_\pi^c = 1 + \frac{(1-\rho)}{\rho\phi\alpha^c} > 1 + \frac{(1-\rho)}{\rho\phi\alpha} = \gamma_\pi \qquad (4.20)$$

与相机抉择相比，对规则予以承诺的条件下，预期通货膨胀的上升会引致名义利率更大幅度的提高。

六 小结

本节的分析表明，虽然相机抉择的货币政策使货币当局保留了政策灵活性，但由于行为人具有前瞻性的通货膨胀预期，使得相机抉择下产出没有被提高，但通货膨胀却被系统性提高了，即所谓的"通货膨胀偏差"，反而使货币当局的福利水平下降。本节同时说明，对货币政策规则予以承诺可以有效提高货币政策的可信性，货币当局由于树立了严厉的反通胀形象，使得其治理通货膨胀的成本大大降低，并因而提高了货币当局的福利水平。因此，在金融市场一体化进程不断加快的条件下，一国应建立起有效的货币政策规则的承诺机制，从而提高货币政策绩效，使经济在低通胀下保持平稳增长。

第三节　承诺机制：工具规则还是目标规则？

由于货币政策规则是货币当局对未来政策行为的一种承诺，因此，严厉的货币政策规则是对未来反通胀货币政策的承诺，并有助于货币当局控制行为人对未来通货膨胀的预期，从而降低货币当局治理通货膨胀的成本，提高货币当局的政策绩效。

斯文森（1999）把货币政策规则定义为中央银行对经济事件的反应函数，是货币政策行为的指令性向导。包括工具规则（instrument rules）与目标规则（targeting rules），并认为这是进行货币政策操作规范问题研究的重要前提。具体说来，一项货币政策规则就是描述中央银行如何根据实际 GDP 或通货膨胀等经济变量相应设定货币供给或利率，以实现保持稳定的低通胀和较小的实际 GDP 波动的货币政策最终目标。泰勒（2000）也从狭义角度对货币政策规则进行了定义：所谓货币政策规则不过是一项计划，该计划尽可能清晰地规定中央银行改变货币政策工具的细节。换句话说，货币政策规则是一种描述中央银行根据宏观经济形势变化而相应改变货币政策工具的一种原则。

一　工具规则

工具规则是指中央银行对政策工具调节所依据的一种规则，一般是中央银行对政策目标的反应函数。这个政策工具（大部分是短期利率）通常与少数几个宏观经济变量相关，这些变量有些可以直接观察到（如失业和通货膨胀），而有些只能从现有的信息中估计出来（如充分就业的产出水平）。根据反应函数，中央银行通过调节短期利率以消除这些宏观变量对其目标水平的偏离。最具代表性的工具规则是著名的泰勒规则。

泰勒（1993）提出了简单利率规则，他提出利率应以如下方式对经济状态做出反应：

$$i_t^* = \alpha + \gamma_\pi (\pi_t - \bar{\pi}) + \gamma_x x_t, \quad \alpha = \bar{r} + \bar{\pi}, \quad \gamma_\pi > 1, \quad \gamma_x > 0 \quad (4.21)$$

其中，i_t^* 是目标利率反应规则，$\bar{\pi}$ 为目标通货膨胀率，$\bar{r}$ 为长期均衡实际利率。

泰勒规则与前面讨论的最优货币政策的基本原则是一致的，特别地，泰勒规则也主张通货膨胀应逐步调整至目标水平，同时，他也主张名义利率的调整幅度应大于通货膨胀的波动幅度。滞后的通货膨胀某种程度是未来通货膨胀良好的预测变量，因此，泰勒规则通过调整实际利率促使通货膨胀率达到其目标水平。最后，泰勒规则要求货币政策应对需求冲击做出反应，而不应对不影响产出缺口的潜在产出冲击做出反应。

克拉里达、加利和格特勒（1999）提出具有"前瞻性"的泰勒规则：

$$i_t^* = \alpha + \gamma_\pi (E_t \pi_{t+1} - \bar{\pi}) + \gamma_x x_t \tag{4.22}$$

在这一政策规则中，货币政策应对预期通货膨胀而非滞后通货膨胀做出反应，而这一政策形成机制与式（4.10）中的最优货币政策是一致的。

二 目标规则

与工具规则相对应的货币政策规则还有目标规则，通常意义上的目标规则是指中央银行宣布盯住某个目标变量的政策，如价格水平、汇率、名义收入或通货膨胀率，即货币政策的名义锚。既然制定目标，中央银行首先需要对目标进行预测，然后中央银行通过调整政策工具实现预测目标。这显然不像采用工具规则的政策制定者只需按照某个方程式那样简单，政策制定者要预计未来一段时间经济活动会对货币政策的改变做出什么样的反应，因此，伯南克（2004）把这种目标规则称为基于预期的政策。

盯住某个目标的政策由来已久，金本位时代各国货币盯住黄金的政策可算是最早的目标规则。而现在的目标规则有许多种，既包括以固定汇率、货币供应量为目标的简单规则，也包括以名义收入、价格水平以及通货膨胀为目标的政策规则，其中，通货膨胀目标制最近受到学术界的广泛关注。

在某种意义上，通货膨胀目标制与渐近主义最优货币政策是一致的，事实上，大部分国家中央银行也主张通货膨胀应渐近收敛至目标水平，不主张对通货膨胀目标经常做出调整，这一点与本书分析是一致的。

通货膨胀目标制的理论基础有以下两点：

第一，它能够为货币政策提供一个明确的名义锚（nominal anchor），通货膨胀目标实际上就是名义锚，因此，它避免了货币供给这些间接与通货膨胀相联系的目标规则所带来的潜在不稳定性问题。例如，如果对货币需求产生较大冲击，则货币供给增长目标不能准确控制均衡时的通货膨胀率。

第二，通货膨胀目标制可以解决货币政策的承诺和可信性问题。正如罗戈夫（1985）提出并证明的，货币当局在通货膨胀上置以高于社会公众实际损失函数中的权重是最优的，通货膨胀目标制可以视为货币当局在通货膨胀损失上置以较高权重的一种方法。

三 承诺机制的选择——通货膨胀目标制

简单工具规则简洁明了，可操作性较强，也可以得到较好的政策效果，但决策者不能灵活地运用自己的判断和模型外的其他信息。此外，采用工具规则的国家，其经济结构需要相对稳定，否则反应函数及工具规则就需要不断变化。

而承诺采用目标规则，在目标的约束下，可以根据判断和其他相关信息比较灵活地操作政策工具，不必像工具规则那样拘泥于一个固定的反应函数，而当经济结构关系发生改变，比如一些外生变量变化，反应函数也会跟着自动调整。因此，斯文森（2003）认为，目标规则比工具规则更稳定。

伯南克（2004）认为，在货币政策实践中，宣布一个明确的政策目标是近年来的一大进展，这种政策措施既保证了可以比较灵活地选择最优化目标函数的政策工具，又避免了通货膨胀倾向。明确的目标、独立的政策操作和有效的责任机制是货币政策有效性的重要保证。另外，承诺采用某种目标规则的中央银行可以自由地使用那些它们认为有助于实现目标的各种信息，特别是这种政策允许中央银行运用自己的判断力和模型外的信息。

因此，采用通货膨胀目标制是一种更为有效的承诺机制，这一制度安排可以有效稳定市场预期，而预期是决定货币政策实现目标能力的关键因素。伍德福德（2004）认为，中央银行最主要的任务就是管理预期，金（King，2005）也认为，由于通货膨胀预期关系到家庭和厂商的行为，货币政策的一个重要方面就是中央银行怎样决策来影响这些预期。在前瞻性的新凯恩斯主义模型中，货币政策的有效性取决于政策对未来利率路径的影响，一个透明的政策减少了未来政策措施的不确定性，可以改善产出和通货膨胀目标之间的权衡关系。

第四节 通货膨胀目标制

通货膨胀目标制作为一种货币政策策略被新西兰于1990年首先采用

并取得了巨大成功，截至 2007 年，已经有 20 个工业化和非工业化国家采用这一政策框架。通货膨胀目标制有三大特点：第一，明确公布通货膨胀的具体目标；第二，通货膨胀目标制的实施过程非常重视通货膨胀预期的作用，并因而被称为"通货膨胀预期目标制"；第三，通货膨胀目标制具有较高透明度和可信性。

通货膨胀目标制通常将消费者价格指数（CPI）2% 作为通货膨胀的目标。在实践中，通货膨胀目标通常不是严格的，而是灵活地允许通货膨胀在一定幅度内波动。在某种意义上，实行通货膨胀目标制的货币当局不仅仅力图使通货膨胀稳定于目标范围内，同时也在稳定实体经济（如产出缺口）上置以一定的权重。因此，货币当局的目标变量不仅包括通货膨胀，还包括诸如产出缺口之类的变量。灵活通货膨胀目标制（flexible inflation targeting）的目标函数可以由包含通货膨胀和产出缺口的二次损失函数代表。然而，对于以建立货币政策可信性为首要目标的通货膨胀目标体制而言，货币当局在稳定实体经济上所置的权重要小得多。

由于货币政策对货币当局目标变量产生影响通常都存在滞后，因此，如能对预期进行管理，货币政策则更加有效。基于此，通货膨胀目标制的实施过程更为关注通货膨胀预期和其他相关变量预期值的作用，所以，通货膨胀目标制也被称为通货膨胀预期目标制。

通货膨胀目标制具有很高"透明度"（transparency）是其特点之一。实施通货膨胀目标制的货币当局会定期公布货币政策报告，报告包含货币当局对通货膨胀和其他相关变量的预期以及政策决策的原因。一些货币当局还会公布其对未来政策决策的预期。对"管理预期"（management of expectations）重要性认识的加深是通货膨胀目标制对预期关注的主要原因。当期货币政策行为以及政策意图会影响私人部门的预期，并因而影响实体经济的运行。例如，未来几个星期的利率水平对行为人影响不大，但对未来利率水平的预期会影响长期利率并对行为人的决策和行为产生重大影响。此外，私人部门对通货膨胀的预期会影响当期的定价决策并对随后几期的通货膨胀产生影响。因此，通过通货膨胀目标制锚定私人部门的预期对控制通货膨胀是十分重要的。

自 20 世纪 90 年代初通货膨胀目标制被首次采用至今，通货膨胀目标制由于稳定了通货膨胀和实体经济而取得巨大成功。尚无证据表明通货膨胀目标制对经济增长、生产率、就业等产生不利影响。对工业化国家和非工业化而言，通货膨胀目标制为其提供了一个既具灵活性和弹性，又使其能够应对经济冲击和扰动的货币体制。

第五节 结 论

对货币政策规则和相机抉择的研究一直是货币理论与政策研究重点。货币政策相机抉择的灵活性特点使之至今仍被许多国家中央银行采用。由于新凯恩斯主义模型中的行为人具有理性预期，使得货币当局任何利用扩张性货币政策以刺激经济的政策意图均会被社会公众认识到，因此，扩张性的货币政策只能导致通货膨胀被系统性地提高，而产出却未被系统性地提高（这与货币当局实行扩张性货币政策的初衷相悖）。在金融市场一体化程度不断提高的过程中，社会公众不仅具有理性预期，而且将拥有越来越多的市场工具以避免扩张性货币政策对自身利益的损害（如可以迅速且低成本地将财富在本、外币资产间进行转换）。因此，基于新凯恩斯主义模型和金融市场一体化程度不断提高的前提下，一国货币当局货币政策的可信性是影响该国货币政策能否有效调控经济、纠正市场均衡中的扭曲，以实现经济运行帕累托改进的最重要影响因素。

本章的分析证明，在金融市场一体化程度不断提高过程中，建立货币政策可信性并消除通货膨胀偏差最有效的方法是实施货币政策规则，而采用通货膨胀目标制是一种比工具规则更为有效货币政策规则和承诺机制，在目标的约束下，可以根据判断和其他相关信息比较灵活地操作政策工具，不必像工具规则那样拘泥于一个固定反应函数。因此，通货膨胀目标制比工具规则更为稳定。

第五章 金融市场一体化进程中汇率制度的选择

汇率作为一国货币政策的重要组成部分，对一国经济能否实现稳定增长以及对外经济平衡发挥着重要作用，因此，汇率制度的选择成为一国货币当局需解决的重要问题之一。

本书认为，在那些经济封闭且发展相对落后的发展中国家，由于对货币当局缺乏有效的约束机制而导致的货币政策缺乏可信性是影响该国货币政策有效性最重要因素。这些国家的货币当局客观上需要盯住某一低通胀货币以建立自身政策的可信性，从而提高货币政策的经济绩效，亦即使经济在低通胀条件下实现稳定的高增长。这不仅提高了社会公众的福利水平，同时也提高了政策制定者的福利水平。

随着一国经济和制度的不断成熟，其与国际金融市场的联系也更为紧密，并且由于金融市场一体化进程的加快，社会公众能够对货币当局的政策选择施加更强有力的约束（社会公众可以迅速且低成本地将本币资产转换为外币资产，以防止扩张性货币政策对自身利益的损害）。此时，固定汇率的可维持性和货币政策的有效性便成为更重要的问题。因此，随着一国金融市场一体化程度的提高，会从向更为灵活的汇率制度转变中获益。

第一节 引言

由于固定汇率所固有的不可维持性，自布雷顿森林体系崩溃之后，各国纷纷转向了浮动汇率制度。但 IMF（2003）的调查表明，并不是所有的固定汇率都容易发生危机，仍有一些国家的固定汇率制度存在了几十年甚至几个世纪。赫塞恩等（Husain et al., 2005）的研究也发现，对于那些与国际金融市场有较少联系的贫困国家，固定汇率的经济绩效更好，即这些经济体的通货膨胀率相对较低且固定汇率具有较高的可维持性。赫塞恩等（2005）的研究从对经验数据的分析中得出了上面的结论，但并未对这一现象给出理论上的解释。这些经验数据所得出的结论与现有理论的矛盾使理论界有必要对传统汇率制度选择理论进行修正和发展，以更好地解释固定汇率制度在一些国家中长期存在并且能获得较高经济绩效的原因。

本章利用新政治经济学方法，以利益不一致性所带来的货币政策可信性为核心，提供解释赫塞恩等（2005）发现的合理性的一个理论模型。该模型认为，由于政策制定者与社会公众的利益存在不一致性，并且在对政策制定者的政策选择没有任何约束的体制下，政策制定者会利用高通胀的货币政策来实现其任期内经济的高增长，社会公众充分认识到这种利益不一致性，认为政策制定者的低通胀货币政策的承诺是不可信的，并形成对未来通货膨胀高的预期。因此，在一个对政策制定者的政策选择没有任何约束的体制下，政策制定者利用通胀型货币政策根本无法实现自身目标的最大化。政策制定者有动力对自身的政策选择施加一种约束机制，这样可以增加其政策承诺的可信性，从而使社会公众相信政策制定者不会制定并实施高通胀的货币政策并形成低通胀的预期。而盯住某一低通胀货币有助于抑制通货膨胀的诱惑，并帮助政策制定者建立起低通胀的声誉。因此，在固定汇率制度下政策制定者选择的通货膨胀水平要低于浮动汇率下的通货膨胀水平，而较低的通货膨胀水平降低了社会公众对未来通货膨胀率的预期。这一结果不仅提高了政策制定者的福利水平，而且减少了社会公众的损失水平，使社会福利水平获得帕累托改进。

针对货币政策可信性问题，经济学家进行了许多研究。基德兰和普雷斯科特（1977）首次提出，经济政策的制定不是与自然的一场博弈，而是与理性的经济人的博弈。当行为人是理性的且具有前瞻性预期（forward-looking）时，经济政策制定者受其当前和未来政策选择的约束。因此，最优政策的制定需要考虑当前社会公众的选择。基于此，基德兰和普雷斯科特（1977）首次提出了货币政策可信性及时间不一致性问题。

罗戈夫（1985）首先对不存在利益不一致性时的货币政策进行了研究并认为，即使一个国家拥有一个仁慈的政策制定者（它倾向于最大化社会福利函数），这个国家也会受到一个系统的高通货膨胀冲击。例如，工资制定者担心中央银行利用短期内名义工资刚性来系统提高就业水平，工资制定者只有通过高的工资增长率来防止真实工资水平的降低，从而引起通货膨胀系统性的提高。罗戈夫（1985）提出一个社会可以通过任命一个保守的中央银行来使自身的福利水平得以改善。该中央银行的目标与社会的目标不同，相对于稳定就业水平而言它更注重于价格水平的稳定。罗戈夫（1985）同时认为，虽然社会确实希望央行在稳定物价水平（相对于稳定就业水平）上赋予很大权重，但总的来说社会不希望这一权重是无穷大的，因为央行在稳定物价水平上赋予无穷大的权重虽然可以有效地使通货膨胀下降到最优通货膨胀水平，但当经济受到供给冲击时央行不能做出正确的反应，此时的供给冲击完全转嫁到失业上。因此，罗戈夫（1985）认为，维护央行的独立性是很重要的，在这个前提下，通过任命一个保守的央行或者给央行提供达成中间货币目标的激励，可以使社会整体的福利水平得到改善。

巴罗和戈登（1983）认为，在一个相机抉择的体制中，政策制定者倾向于印制超出公众预期的货币从而制造意外的通货膨胀。对政策制定者而言，意外通货膨胀的收益包括：经济行为的扩张以及政府名义债务的减少。因为公众知道政策制定者制造意外通胀的激励，在均衡下，这些意外通胀以及相应的收益不可能系统获得，社会公众将会调整他们的预期以减少意外通胀对自身利益的损害。在这一均衡中，平均的货币增长率和通货膨胀率以及相应的通货膨胀成本是高的。政策制定者对自己的行为做出承诺（这一承诺包含于货币和价格规则中），这一承诺消除了制造意外通胀的潜在可能性。因此，货币体制从相机抉择转变为有规则约束的情况下，可以降低均衡的通货膨胀率和货币增长率。但是即使存在货币规则，政策制定者也倾向于欺骗公众，从意外通胀冲击中获得收益。然而，这种欺骗公众的倾向威胁到规则的效力，将经济推向相机抉择体制下的次优均衡。政策制定者和社会公众之间重复的相互作用使声誉的力量可以支撑规则，也就是损失声誉和可信性的潜在可能性使政策制定者遵守规则。那么，政策制定者将会放弃从意外通胀中所获得的短期收益，以确保在长期中获得低的通货膨胀率。巴罗和戈登将声誉引进模型之后，会因政策制定者损失声誉的潜在可能性而实施不完善的货币规则。他们发现这一声誉均衡的解类似于在相机抉择体制下和单一规则体制下结果的加权平均。该声誉均衡解优于相机抉择体制下的解，但劣于单一规则体制下的解。而当政策制定者的主观贴现率低时，声誉均衡的解接近于单一规则体制下的解；当政策制定者的主观贴现率高时，声誉均衡的解接近于相机抉择体制下的解。

Giavazzi 和 Pagano（1988）认为，政策制定者有实行意外通货膨胀的激励（未被预期到的通货膨胀可以降低失业，或者会减少政策制定者为偿还债务而支付的实际值），由于采取这种时间不一致性行为的激励能够被公众认识，最后的均衡意味着比他承诺实行零通货膨胀政策更低的福利水平。而加入 EMS（欧洲货币体系）可以降低政策制定者实施意外通货膨胀的激励，因为政策制定者制造的通货膨胀水平如果高于 EMS 的平均通货膨胀水平就会给政策制定者带来损失：第一，在两次汇率调整期间，高的通货膨胀导致实际汇率的升值；第二，在汇率调整时，具有较高通货膨胀的国家不能从名义汇率贬值中弥补实际汇率升值带来的全部损失。由于制造较高通货膨胀会给政策制定者自己带来成本，这就降低了政策制定者实行通货膨胀的激励，使这一非合作博弈产生一个低通货膨胀解，并消除了由于公众对政策制定者的不信任而带来的无效率。

克拉里达（1999）利用动态随机一般均衡（DSGE）模型并在模型中引入垄断竞争和价格黏性对货币政策进行分析并发现，货币政策的政策工具是短期利率，政策设计问题就成了刻画利率如何对当前经济状态做出反应。其中一个重要的复杂性便是私人部门的行为依赖于对未来货币政策的预期。因此，货币政策可信性便成为十分重要的问题，目前许多文献也强调了这一点。有争议的问题是，通过对政策规则做出正式的承诺或一些制度上安排提高货币政策的可信性，货币当局是否会获益。

第二节 基本模型

一国盯住某一低通货膨胀国家的货币有助于抑制通货膨胀的诱惑。这样，固定汇率可以被视为一种戒律，以使一国政策制定者能够抵挡实行通胀型货币政策的诱惑。固定汇率这一对政策制定者的戒律可以被看作是政策制定者对社会公众的一种承诺机制：即政策制定者不会制造意外的、高的通货膨胀。因为在固定汇率下，通胀型的货币政策会使政策制定者自身的利益受到损害，所以社会公众相信政策制定者在固定汇率制下不会制造意外的、高的通货膨胀。因此，在固定汇率下社会公众会形成低通货膨胀预期，政策制定者为实现自身利益最大化会制定低通胀的货币政策，这一低通胀预期的结果使社会的福利水平获得帕累托改进。下面将以更加正式的形式证明这一论点。

一 基本假定

本书对基本模型做出如下假定：

1. 一国生产两种产品：一种产品在国内销售，另一种产品在国外销售；
2. 在国内市场上，价格水平通过工资水平附加加成比例来确定，而在国外市场上，该国则是价格的接受者；
3. 国内市场上的通货膨胀率为π_t，并假定通货膨胀率等于工资上涨率；
4. 资本不可以自由流动；
5. 政策制定者的目标是实现其任期内经济的高增长；
6. 社会公众的目标是在低通货膨胀条件下实现长期、稳定的经济增长。

二 政策制定者的目标

政策制定者的目标是提高本届政府任期内的政绩，因为提高政绩一方面有利于本届政府的连任，另一方面也可以提高历史对本届政府的评价。而衡量一届政府政绩较为认可的指标是经济增长率，即在该届政府任期内，经济是否保持了持续、较高的增长。具体表现为：

（一）政策制定者倾向于提高出口部门的盈利能力

净出口是组成一国经济总需求的重要部分，因此，提高本国的净出口水平可以提高本国的总需求水平，从而拉动经济的增长。所以，政策制定者倾向于提高本国出口部门的盈利能力，从而提高本国产品在国际市场的竞争力，最终达到提高净出口水平的目的。

如果名义汇率水平和国外价格水平给定时，国内工资水平的提高将降低出口部门的利润水平。① 代表实际汇率的对数，它是国外市场上商品的本币价格与国内市场上商品价格之比。因此，出口商的利润是的增函数。所以，假定实际汇率以正的权重进入政策制定者的目标函数。

（二）政策制定者倾向于提高意外通货膨胀（$\pi_t - \pi_t^e$）水平

第一，制造意外通货膨胀降低实际工资水平，并提高本国的净出口水平。在名义汇率水平和国外价格水平不变的前提下，降低实际工资水平提高了国内出口部门的产品在国际市场上的竞争力，从而提高了净出口、总

---

① 前文假设通货膨胀率等于工资上涨率，因此，国内工资水平的提高等同于国内物价水平的提高。在汇率水平和国外价格水平不变的条件下，国内物价水平的提高会导致实际汇率水平的升值，这就相当于提高了本国出口产品在国际市场上的相对价格水平。因此，降低了出口部门的利润水平。

需求水平，拉动了本国的经济增长。

第二，制造意外通货膨胀可以降低实际工资水平，从而提高产出水平，并导致经济短期内的高增长。之所以可以得到上面结论，是因为假设政策制定者与工会之间的关系是一种非合作博弈。①

第三，政策制定者可以从意外通货膨胀中获得融资。巴罗（1983）认为，上期期末形成的通货膨胀预期决定了人们持有的真实现金余额，M_{t-1}/P_{t-1}。意外通货膨胀（$\pi_t - \pi_t^e$）使公众持有的这些货币的实际价值降低，这就使政府可以发行更多的货币——$(M_t - M_{t-1})/P_t$ 作为补充。如果其他提高政策制定者收入的方法有扭曲（如所得税），则政策制定者更看重利用意外通货膨胀进行融资。

第四，意外通货膨胀可以减少政府名义债务的水平，使政策制定者从中获益。假定社会公众持有的上期政府债券的真实数量为 B_{t-1}/P_{t-1}，这些债券的名义收益为 R_{t-1}。在社会公众的通货膨胀预期 π_t^e 给定情况下，这一收益水平对公众来说是满意的。但意外通货膨胀使债券的真实价值降低，意外通货膨胀减少了政府未来对利息和资本金的支付水平。事实上，政府通过这一方式也可以从意外通货膨胀中获得收入。

通过意外通货膨胀获得收入对政策制定者是十分有吸引力的。如果我们将真实现金余额和债券真实价值的减少看作未预期到的资本税。那么和资本税相比，意外通货膨胀为政策制定者提供了提高收入但又没有扭曲的方法。

政策制定者为什么倾向于通过意外通货膨胀进行融资或者减少自己名义负债水平呢？这和一届政府目标是紧密联系在一起的。政策制定者希望在本届任期内维持经济高增长，从而提高政府的政绩，为连任创造较好的条件。但维持任期内经济的高增长有很多方法，上面提到的提高本国净出口水平是一种方法。但总需求除了净出口之外，投资也是十分重要的组成

---

① 这一博弈最简单的形式是：假定工会在价格决定前签订名义工资合同，并以如下方式 $w_t = p_t^e + \beta y_t$。最后一项表示工资对总需求的敏感程度。p_t^e 是在签订名义工资合同时工会对国内物价水平的预期。国内物价水平是工资附加一个加成比例（简单起见，假定 $p_t = w_t$）。总需求可以表示为 $y_t = m_t - p_t$。理性预期均衡为 $y_t = (p_t - p_t^e)/\beta$，$p_t = (\beta m_t + p_t^e)/(1+\beta)$。该方程表明了博弈的参与者（政策制定者和工会）是如何在这个非合作博弈均衡中相互作用并最终决定物价水平：工会先设定它通货膨胀预期 $p_t = p_t^e$，政策制定者然后决定名义货币供给 m_t 以最大化自己的目标。

部分,而投资本身包括私人投资和政府部门的投资。由此可见,政策制定者完全可以通过增加政府部门投资的方法增加总需求,从而实现任期内经济的高增长。但要增加政府部门投资就需要有资金来源:税收是很重要的一个来源,但税收容易产生扭曲,过高的税收会降低私人部门投资的激励,对经济的发展是不利的。另外,政府可以通过发行公债的方法来筹集资金进行投资,但这种方法就给政府带来了偿债的负担。政府可以通过制造意外通货膨胀来减轻自己的偿债负担,同时政府还可以通过意外通货膨胀获得融资,从而可以进行投资使经济持续增长。

(三) 预期到通货膨胀也可以为政策制定者融资

罗默(2001)认为,经济处于稳态情况下,此时产出和利率水平并不受货币增长率的影响。并假设预期通货膨胀水平等于实际通货膨胀水平。在上面两个条件下,政策制定者仍然可以从货币创造中获得融资。我们将政策制定者通过货币创造而获得的这一收入称为铸币税(Seignorage),铸币税的数量等于货币增长率与真实货币余额之积。费希尔(1982)认为,政策制定者从铸币税中获得的收入是巨大的,平均来看超过一国 GNP 的 2%,欠发达国家的铸币税要高于发达国家,在某些国家甚至超过了 5%。因此,即使是预期到的通货膨胀也可以为政策制定者融资。

从上面分析可以看出,预期到和非预期到的通货膨胀都可以给政策制定者带来收入或者减轻政策制定者的偿债负担。因此,政策制定者有很强的激励制造高的通货膨胀,从而实现任期内高的、持续的经济增长。虽然通货膨胀可以给政策制定者带来收益,但通货膨胀对政策制定者来说也有成本。

(四) 通货膨胀成本

通货膨胀对政策制定者的成本主要是:易变的通货膨胀使厂商和个人将政府视为一个低效率的政府(经常使用充公性的税收或其他对资本持有者有巨大损害政策的政府),从而使社会公众长期投资处于较低的水平,同时使政府在下一次竞选中处于不利的位置。

基于以上分析,本书认为,政策制定者的目标函数采用下面形式是合理的。

$$\max V = \int_0^T e^{-\rho t} [hq_t + c(\pi_t - \pi_t^e) - (a/2)\pi_t^2] dt \quad h,a,c > 0 \quad (5.1)$$

其中,V 表示政策制定者收益函数;

T 表示一届政府的任期;

ρ 表示政策制定者的主观贴现率；

π_t 表示时刻 t 的实际通货膨胀率；

π_t^e 表示对 t 时刻通货膨胀率的预期。

h、c、a 均为大于 0 的常数，q_t 为实际汇率的对数，它等于名义汇率减去累积的通货膨胀差异。① 即：

$$q_t = q_0 - \int_0^t \pi_s ds \quad t \in (0, T) \tag{5.2}$$

所以，政策制定者的目标函数可以写为：

$$\max V = \int_0^T e^{-\rho t} \left[h\left(q_0 - \int_0^t \pi_s ds\right) + c(\pi_t - \pi_t^e) - (a/2)\pi_t^2 \right] dt \tag{5.3}$$

政策制定者的目标现在形式化为最大化 V，它的控制变量是货币投放量也就是通货膨胀率 π_t。

三 社会公众的目标

社会公众的目标是经济持续、稳定增长，换句话说就是经济在低通货膨胀条件下实现长期、稳定增长。

首先，社会公众把经济的长期增长作为目标是显而易见的。因为经济的长期增长意味着社会在持续不断地创造更多的财富，社会公众的福利水平可以不断得到提高。

其次，为什么一定要在低通货膨胀的条件下实现经济的持续增长呢？因为高的通货膨胀或者不确定的通货膨胀对提高社会公众的福利水平是不利的，主要表现为鞋底成本、菜单成本、扭曲税收体系所带来的成本等。不仅如此，通货膨胀还使相对价格偏离最优的相对价格水平，对市场结构和市场主体之间建立长期关系有复杂的影响。此外，通货膨胀使那些以名义水平安排投资计划的个人和厂商在退休金储蓄、评估抵押的真实负担和做长期投资决策时出现重大失误，使社会公众受到损失。

---

① 假设在 $t=0$ 时刻，国内外的物价水平为 1，并且国外的通货膨胀率为零。因此实际汇率 $Q_t = eP_f/P_t$，P_f 为国外的物价水平，P_t 为国内的物价水平，e 为名义汇率。因为 $dP_t/dt = \pi_t$，所以 $P_t = 1 + \int_0^t \pi_s ds$。又 $P_f = 1$，可得 $\ln Q_t = \ln e - \ln\left(1 + \int_0^t \pi_s ds\right)$，令 $\ln Q_t = q_t$，$\ln e = q_0$，且 $\ln\left(1 + \int_0^t \pi_s ds\right) \approx \int_0^t \pi_s ds$。因此，$q_t = q_0 - \int_0^t \pi_s ds$。

综上所述，社会公众的目标是经济在低通货膨胀水平上实现持续、稳定的增长。所以，社会公众的损失函数采用下面形式是合理的：

$$\min \lambda = (Y - Y_t)^2 + \alpha \pi^2 \quad \alpha > 0 \tag{5.4}$$

其中，Y 表示实际产出水平；

Y_f 表示充分就业下的产出水平；

π 表示实际通货膨胀率。

预期增广的菲利普斯曲线可以表达为：

$$\pi - \pi^e = -\beta(Y_f - Y) \quad \beta > 0 \tag{5.5}$$

将式（5.5）代入式（5.4），得：

$$\min \lambda = \left(\frac{\pi_t - \pi_t^e}{\beta}\right)^2 + \alpha \pi_t^2 \tag{5.6}$$

社会公众的目标现在形式化为最小化 λ，社会公众的控制变量为通货膨胀预期 π_t^e。

四　浮动汇率下政策制定者的福利水平和社会公众的损失水平

在浮动汇率下，货币政策不能够影响实际汇率水平，即购买力平价不变。① 因此，在浮动汇率下，实际汇率是外生的。

由于在浮动汇率下实际汇率是外生的，所以政策制定者的目标函数可以采用下面形式：

$$\max \widetilde{V} = \int_0^T e^{-\rho t} [c(\pi_t - \pi_t^e) - (a/2)\pi_t^2] dt \tag{5.7}$$

由于社会公众只有观察到政策制定者政策行为之后才能形成其对政策制定者未来行为的预期，因此，在计算政策制定者最优政策行为时可暂时将社会公众对通货膨胀预期 π_t^e 视为一个固定值。而政策制定者的控制变量为货币投放量也就是通货膨胀率 π_t，因而，由欧拉方程可得浮动汇率下通货膨胀的最优增长路径②：

$$\widetilde{\pi}_t^* = c/a \quad for \quad t \in [0, T] \tag{5.8}$$

将式（5.6）对 π_t^e 求导，可得：当 $\pi_t^e = \widetilde{\pi}_t^* = \frac{c}{a}$ 时，社会公众的损失最小。

---

① 在浮动汇率下，一国货币政策变化导致通货膨胀率变化的同时，也会引起名义汇率在相同方向的变化。因此，该国实际汇率水平 $\left(Q_t = \frac{eP_f}{P_t}\right)$ 是不变的。

② 推导过程见附录三。

此时，政策制定者的福利水平为：

$$\tilde{V}^* = \frac{c^2 \ (e^{-\rho T} - 1)}{a\rho} \tag{5.9}$$

社会公众的损失水平为：

$$\tilde{\lambda}^* = \alpha \left(\frac{c}{a}\right)^2 \tag{5.10}$$

五　固定汇率下政策制定者的福利水平和社会公众的损失水平

在固定汇率下，由于名义汇率水平是固定的，所以当国内通货膨胀水平高于国外通货膨胀水平时，实际汇率会升值。在固定汇率下，政策制定者的货币政策可以影响该国实际汇率。因此，在固定汇率下，政策制定者的目标函数采用式（5.3）的形式。

最大化式（5.3）可得固定汇率下最优通货膨胀路径：

$$\pi_t^* = \frac{c}{a} - \left(\frac{h}{a\rho} - \frac{\rho c}{h} e^{\rho t}\right) \quad t \in (0, T) \tag{5.11}$$

将式（5.6）对 π_t^e 求导，可得：当 $\pi_t^e = \pi_t^* = \frac{c}{a} - \left(\frac{h}{a\rho} - \frac{\rho c}{h} e^{\rho t}\right)$ 时，社会公众的损失最小。

相应的，政策制定者的福利水平为：

$$V^* = \int_0^T e^{-\rho t} \left[h\left(q_0 - \int_0^t \pi_s^* ds\right) - (a/2) \pi_t^{*2} \right] dt \tag{5.12}$$

社会公众的损失水平为：

$$\lambda^* = \alpha \ (\pi_t^*)^2 \tag{5.13}$$

六　汇率制度的选择

下面比较在固定汇率制度下和浮动汇率制度下最优通货膨胀率的差异以及政策制定者福利水平和社会公众损失水平的差异。

在浮动汇率制度下，政策制定者的最优通货膨胀路径为 $\tilde{\pi}_t^* = c/a$，这一通货膨胀水平显然高于固定汇率下的最优通货膨胀路径 $\pi_t^* = \frac{c}{a} - \left(\frac{h}{a\rho} - \frac{\rho c}{h} e^{\rho t}\right)$。浮动汇率下社会公众的损失水平为：$\tilde{\lambda}^* = \alpha \left(\frac{c}{a}\right)^2$，它明显高于固定汇率下社会公众的损失水平：$\lambda^* = \alpha (\pi_t^*)^2$。浮动汇率下政策制定者的福利水平为 $\tilde{V}^* = \left(\frac{c^2}{2a} - c\pi_t^e\right)\frac{1 - e^{-\rho T}}{\rho}$，而固定汇率下政策制定者的

福利水平为：$V^* = \int_0^T e^{-\rho t}\left[h\left(q_0 - \int_0^t \pi_s^* ds\right) - (a/2)\pi_t^{*2}\right]dt$，且 $V^* < \tilde{V}^*$。

从上面比较可以得出：在浮动汇率下，由于缺乏对政策制定者采取高通货膨胀政策的惩罚，政策制定者倾向于制造较高的通货膨胀来实现自身的目标，从而提高自身的福利水平。但是，通过对政策制定者福利水平的计算发现：在固定汇率下政策制者的福利水平要高于浮动汇率下的福利水平。政策制定者正是意识到固定汇率体制可以使自身的福利水平得到改善，才选择固定汇率体制。选择固定汇率体制，不仅可以提高政策制定者的福利水平，同时也使社会公众的福利水平得到提高，使社会福利水平获得帕累托改进。

七 小结

在那些经济封闭且发展相对落后的国家，由于对货币当局缺乏有效的约束机制而导致的货币政策缺乏可信性是影响该国货币政策有效性的最重要因素。这些国家的货币当局客观需要盯住某一低通胀货币以建立自身政策的可信性，从而提高货币政策的经济绩效，亦即使经济在低通胀条件下实现稳定的高增长。这不仅提高了社会公众的福利水平，同时也提高了政策制定者的福利水平。

随着一国经济和制度的不断成熟，其与国际金融市场的联系也更为紧密，社会公众能够对货币当局的政策选择施加更强有力的约束（社会公众可以迅速且低成本地将本币资产转换为外币资产，以防止通胀型货币政策对自身利益的损害）。此时，固定汇率的可维持性和货币政策的有效性便成为更为重要的问题。因此，随着一国经济和制度的成熟，它会从向更为灵活的汇率制度转变中获益。

第三节 基于面板数据的计量检验

本节对来自 160 个国家、1970—1999 年的数据进行面板数据分析，以验证上面的结论。[①]

---

① 数据来自 Ghosh（2002）。

一 对不同国家和汇率制度的分类

在进行面板数据分析之前，本书首先对国家和汇率制度分类方法进行说明。本书将世界各国分为发展中国家、新兴市场经济国家和发达国家三类。发达国家选自世界银行对高收入国家的定义。其他国家是按照一国对国际资本市场的开放程度进行分类。摩根士丹利资本国际（MSCI）根据一国与国际资本市场联系的相关指标，如人均GDP、当地政府管制、可预期的投资风险、外国所有权限制和资本管制等，将一国归入新兴市场经济国家，所有剩余的国家被归入发展中国家。[①]

对汇率制度的分类有两种方法：第一种分类方法称为官方分类法（de jure classification），这种方法是基于货币当局所宣称的政策倾向对汇率进行分类的，这一分类的具体情况在国际货币基金组织的年度报告可以查到；第二种分类方法称为事实分类法（de facto classification），它利用观察到的名义汇率的变动行为来定义汇率制度，它能够更加真实反映一国实际所采用的汇率制度。

虽然事实分类法能更加真实地反映现实情况，但它实际是一种"后顾型"（backward-looking）方法，而官方分类法从本质上给出了未来政策倾向的信息。因此，事实分类法最根本的问题是：政策制定者所宣称的汇率制度具有信号传递功能，事实分类法无法反映这一信号传递功能，而这一功能在分析汇率制度影响的现代分析中居于核心地位。由于各国具有不同的结构并且所受的经济冲击不尽相同，无法从观察到的汇率波动行为来推断汇率政策决策的基础。因此，虽然官方分类法也有缺陷，但它的缺陷却不如事实分类法那么致命。

因此，本书在接下来的分析中采用官方分类法对汇率制度加以分类，并为了分析的简洁，将汇率制度进一步分为三大类：固定汇率制度、中间汇率制度和浮动汇率制度。[②]

二 模型的设定与估计结果

我们认为较高经济绩效就是指低通货膨胀条件下较高的经济增长，因此，在面板数据分析中，我们选择消费者价格指数（CPIG）和实际GDP增长率（GDPG）作为衡量经济绩效的被解释变量。

---

① 有关这一分类方法的详细内容，请参见赫塞恩等（2005）。
② 有关汇率制度分类方法的详细内容，请参见Ghosh（2002）第4章。

(一) 不同汇率制度下通货膨胀绩效

为考察通货膨胀与汇率体制联系,我们将通货膨胀率（CPIG）对汇率体制的虚拟变量——固定汇率（JUREPEG）、中间汇率（JUREINT）和浮动汇率（JUREFLT）做回归。[①] 同时,还有其他一些因素也会影响一国通货膨胀率,这些因素也需要包含在回归模型中,这些因素是：货币供应量（BMG）；实际 GDP 的增长率（GDPG）,它通过提高货币需求而降低通货膨胀；贸易开放度（TRADEOPEN）,它的提高增加了货币扩张的成本；货币当局管理者的更迭率（CBTURN5）,更迭率低意味着货币当局具有较高的独立性,并因此可降低通货膨胀率；其他因素包括通胀性的贸易条件冲击（TTG）、中央政府财政收支与 GDP 之比（CGGDP）,这些因素或者会导致直接货币融资,或会导致总需求增长。因此,通货膨胀绩效与汇率制度的基本回归方程就是：

$$CPIG = \beta_0 + \beta_1 JUREPEG + \beta_2 JUREINT + \beta_3 JUREFLT + \beta_4 BMG + \beta_5 GDPG + \beta_6 TRADEOPEN + \beta_7 CBTURN5 + \beta_8 TTG + \beta_9 CGGDP + \varepsilon \quad (5.14)$$

对不同类别国家根据上述方程进行面板数据的估计,所得结果见表 5-1。

(二) 不同汇率制度下的经济增长绩效

接下来还要进一步考察经济增长与汇率制度之间的联系。首先将实际 GDP 增长率（GDPG）作为被解释变量对汇率体制的虚拟变量做回归。根据经济增长理论,我们认为影响经济增长的因素还包括：投资率（IGDP）,即一国投资水平与 GDP 的比率；人均受教育年限（AVGYRSCH）；贸易开放度（TRADEOPEN）；贸易条件（TTG）；税率（TAXGDPM3）,一国总税收水平与 GDP 的比率；中央政府财政收支与 GDP 之比（CGGDPM3）；人口增长率（POPG）和人口规模（POP）。[②] 因此,经济增长与汇率制度的基本回归方程就是：

$$GDPG = \beta_0 + \beta_1 JUREPEG + \beta_2 JUREINT + \beta_3 JUREFLT + \beta_4 IGDP + \beta_5 AVGYRSCH + \beta_6 TRADEOPEN + \beta_7 TTG + \beta_8 TAXGDPM3 + \beta_9 CGGDPM3 + \beta_{10} POPG + \beta_{11} POP + \varepsilon \quad (5.15)$$

对不同类别国家根据上述方程进行面板数据的估计,所得结果见表 5-2。

[①] 若 3 种汇率制度的虚拟变量同时出现在模型中时会因变量间的完全多重共线性而导致模型无法估计的问题,因此,每个模型中最多只能出现 2 个汇率制度的虚拟变量。

[②] 为降低其内生性和周期性的影响,这里的税率和中央政府财政收支均为 3 年的平均值。

表 5-1　不同汇率制度下的通货膨胀绩效

	发达国家			新兴市场经济国家			发展中国家		
	截距、斜率均不变	固定影响变截距	随机影响变截距	截距、斜率均不变	固定影响变截距	随机影响变截距	截距、斜率均不变	固定影响变截距	随机影响变截距
JUREPEG	0.0021 (0.8263)	-0.0131 (-1.9177)*	-0.0008 (-0.1374)	-0.938 (-3.4948)***	-2.3329 (-2.3402)**	-2.1823 (-2.5765)**	-0.0315 (-3.6409)***	-0.0146 (-1.2757)	0.0004 (0.0270)
JUREINT				-1.2066 (-4.2859)***	-1.4966 (-1.8140)*	-2.5463 (-2.9716)***	-0.0109 (-0.8285)	-0.0210 (-1.2103)	-0.0437 (-1.8265)*
JUREFLT	-0.0129 (-4.7594)***	-0.0413 (-5.6029)	-0.0247 (-3.662)***						
BMG	0.1596 (8.6705)***	0.1242 (5.1671)***	0.1605 (6.9517)	-0.0016 (-0.6338)	-0.0008 (-0.9462)	-0.0006 (-0.2278)	0.5979 (25.7221)***	0.4549 (17.154)***	0.9363 (46.9957)***
GDPG	-0.0697 (-2.4216)**	-0.0822 (-2.693)***	-0.0876 (-1.9815)**	-8.2299 (-8.6750)***	0.5647 (0.4218)	-13.5389 (-3.2371)***	-0.5924 (-9.3584)***	-0.4944 (-7.787)***	-0.8198 (-6.0551)***
TRADEOPEN	-0.0033 (-1.3954)	-0.0223 (-1.6779)*	-0.0078 (-1.2610)	-0.7073 (-4.8297)***	-1.3802 (-0.5247)	-1.0587 (-1.0255)	-0.0314 (-5.9155)***	0.0177 (1.0811)	-0.0457 (-3.1090)***
CBTURN5	0.0004 (0.0689)	0.0309 (2.5858)**	0.0072 (0.5495)	1.6851 (4.3081)***	2.7935 (2.2171)**	3.5215 (3.2086)***	0.0297 (2.5700)**	0.0450 (3.1900)***	0.0070 (0.2945)
TTG	-0.1080 (-0.6721)	-0.0110 (-0.5639)	-0.0192 (-0.7353)	0.7717 (1.1926)	0.2649 (0.3499)	3.9214 (1.8052)*	-0.0827 (-3.2872)***	-0.0609 (-2.5056)**	-0.1250 (-2.4889)**
CGGDP	-0.0265 (-1.6191)	-0.0375 (-1.9740)**	-0.0414 (-1.8377)*	-3.3402 (-2.6498)**	-23.1773 (-3.8191)***	-9.5140 (-1.5964)	0.0371 (0.6436)	0.0546 (0.8558)	0.1774 (1.5062)

续表

	发达国家			新兴市场经济国家			发展中国家		
	截距、斜率均不变	固定影响变截距	随机影响变截距	截距、斜率均不变	固定影响变截距	随机影响变截距	截距、斜率均不变	固定影响变截距	随机影响变截距
C	0.0436 (11.9175)***	0.0722 (7.2877)***	0.0525 (6.3023)***	1.5231 (4.9262)***	1.0057 (0.5950)	2.6182 (2.6622)***	0.0783 (6.6802)***	0.0817 (4.5361)***	0.0377 (1.5995)
样本数	368	368	368	329	230	329	959	959	959
R²	0.38	0.47	0.19	0.47	0.74	0.11	0.52	0.60	0.74

表 5-2 不同汇率制度下的经济增长绩效

	发达国家			新兴市场经济国家			发展中国家		
	截距、斜率均不变	固定影响变截距	随机影响变截距	截距、斜率均不变	固定影响变截距	随机影响变截距	截距、斜率均不变	固定影响变截距	随机影响变截距
JUREPEG	0.0023 (0.8694)	0.0096 (1.2879)		0.0338 (5.4950)***	0.03849 (3.3174)***	0.0340 (3.1631)***	-0.0011 (-0.4352)	-0.0003 (-0.7143)	-0.0012 (-0.3363)
JUREINT	0.0036 (1.2603)	0.0113 (1.6082)*	0.0005 (0.14506)	0.0189 (4.2786)***	0.0138 (1.6319)*	0.0218 (2.3877)**	-0.0003 (-0.0896)	-0.0100 (-1.6318)*	-0.0028 (-0.5582)
JUREFLT			-0.0020 (-0.5393)						
IGDP	0.1349 (4.3296)***	0.1951 (3.3103)***	0.0583 (1.6772)*	0.2448 (5.3904)***	0.2492 (3.9109)***	0.2896 (3.9985)***	0.1290 (7.3183)***	0.1034 (3.3146)***	0.1165 (4.9591)***

续表

	发达国家			新兴市场经济国家			发展中国家		
	截距、斜率均不变	固定影响变截距	随机影响变截距	截距、斜率均不变	固定影响变截距	随机影响变截距	截距、斜率均不变	固定影响变截距	随机影响变截距
AVGYRSCH	0.0007 (1.0507)	-0.0036 (-1.4822)	0.0003 (0.3676)	0.0016 (1.3315)	0.0041 (1.3540)	0.0025 (1.2791)	0.0015 (2.4232)**	-0.0002 (-0.1769)	0.0006 (0.7776)
TRADEOPEN	0.0155 (3.8178)***	0.1172 (6.4563)***	0.0166 (5.2873)***	-0.0130 (-1.4224)	-0.0452 (-2.4846)**	-0.0221 (-1.4654)	0.0094 (2.4398)**	0.0116 (1.1672)	0.0109 (2.2051)**
TTG	-0.0300 (-3.1053)***	-0.0154 (-1.0691)	0.0054 (0.2946)	0.0681 (3.8500)***	0.0483 (2.1702)**	0.1249 (3.7731)***	-0.0108 (-1.3150)	-0.0101 (-0.9138)	-0.0076 (-0.7079)
TAXGDPM3	-0.0263 (-2.1999)**	0.0058 (0.1643)	-0.0337 (-2.2128)**	-0.0435 (-1.3041)	0.0152 (0.2084)	0.0138 (0.2581)	-0.0397 (-2.9783)***	-0.0128 (-0.4933)	-0.0281 (-1.5304)
CGGDPM3	-0.0999 (-3.9107)***	-0.1559 (-2.8751)***	-0.0711 (-2.3100)**	0.0781 (1.6122)*	-0.0107 (-0.1031)	0.0550 (0.7121)	0.0134 (0.6178)	0.0398 (1.3412)	0.0289 (1.1445)
POPG	-0.0720 (-0.5515)	-0.0568 (-0.2468)	-0.1254 (-0.9587)	1.2488 (5.7876)***	0.3493 (1.0299)	1.7754 (6.0671)***	0.2988 (4.4242)***	0.2172 (1.8601)*	0.1884 (1.9729)**
POP	2.95E-5 (1.5416)	-0.0001 (-0.3614)	3.29E-5 (0.9174)	2.85E-5 (4.2196)***	0.0001 (1.8152)*	3.06E-5 (2.2977)**	0.0001 (5.8169)***	0.0004 (2.4715)**	0.0002 (3.4259)***
C	-0.0126 (-1.0162)	-0.0725 (-2.4689)**	0.0127 (0.8109)	-0.0494 (-3.5019)***	-0.0598 (-1.8602)*	-0.0884 (-4.0334)***	2.38E-5 (0.1216)	0.0038 (1.1194)	0.0018 (0.7085)
样本数	430	430	494	320	320	320	1043	1043	1043
R²	0.46	0.40	0.11	0.42	0.38	0.23	0.61	0.22	0.13

说明：表5-1、表5-2中的*、**和***分别表示在10%、5%和1%显著性水平下具有统计上的显著性。

三 对结果的解释

通过上面对通货膨胀和经济增长所做的面板数据分析发现如下事实。选择固定汇率制度的发展中国家能显著降低其通货膨胀水平，而固定汇率制度对发展中国家经济增长的影响不显著，但计量结果同时表明，中间汇率制度会降低发展中国家的经济增长率。固定汇率制度和中间汇率制度均能明显降低新兴市场经济国家的通货膨胀并提高其经济增长水平。对发达国家而言，浮动汇率制度才能降低其通货膨胀并提高其经济增长水平。

因此，从上面结果可以得出：一国汇率制度的选择依赖一国经济和制度的成熟程度，对于那些与国际金融市场有较少联系的相对贫困的发展中国家，固定汇率制度通常运行得更好，使经济获得相对较低的通货膨胀率和较高的经济增长，并且汇率制度具有较高的可维持性。当一国变得更为富有且金融市场获得进一步发展的条件下，这些国家会从向更加灵活的汇率制度的过渡中获益。而发达国家的浮动汇率体系具有显著的可维持性并使经济在低通胀条件下获得高增长。而对于新兴市场经济国家而言，固定汇率制度与中间汇率制度均能降低通胀并提高经济增长的事实表明新兴市场经济国家具体的经济结构及其与国际资本市场联系的方式可能对结果有重要影响，需做进一步的研究。经济计量结果进一步验证了我们基本模型所得出的结论，即经济封闭且发展相对落后的发展中国家，由于对货币当局缺乏有效的约束机制而导致的货币政策缺乏可信性是这些国家选择固定汇率制度最重要的原因。但随着一国经济和制度的不断成熟，它会向更为灵活的汇率制度转变中获益。

第四节 结论

本章系统地分析了与国际资本市场有较少联系的相对贫困的发展中国家汇率制度选择的理论基础，并利用面板数据的方法使这一理论获得了经验支持。通过理论分析和经验验证本书认为，由于发展中国家缺乏对货币当局有效的约束机制，会严重影响货币政策的实际执行效果，并使经济绩效处于较低的水平。因此，发展中国家的货币当局会通过盯住某一低通胀货币为自己施加一种约束，从而建立起自身货币政策的可信性，以提高自己和社会公众的福利水平，使经济绩效获得改善。随着一国经济和制度的不断成熟,其与国际金融市场的联系也更为紧密,并且由于金融市场一体化进程的加快,社会公众能够对货币当局的政策选择施加更强有力的约束(社会公众可以迅速且低成本地将本币资产转换为外币资产,以防止扩张性货币政策对自身利益的损害)。此时,固定汇率的可维持性和货币政策的有效性便成为更为重要的问题。因此,随着一国金融市场一体化程度的提高,它会向更为灵活的汇率制度转变中获益。

第六章　中间汇率制度的内在不稳定性

第五章利用新政治经济学方法，以利益不一致性所带来的货币政策可信性为核心，对金融市场一体化进程中固定汇率和浮动汇率在不同条件下的适用性进行了系统研究。但是现实中中间汇率普遍存在且尚未被理论研究给予充分关注，本章在第五章理论模型的基础上进一步对中间汇率制度的特征和适用条件进行深入研究。

第一节　引言

由于中间汇率制度能够限制汇率波动性、降低汇率超调（overshooting）的可能性并使宏观经济政策具有相机抉择的能力，因此，1973年布雷顿森林体系崩溃后，许多退出固定汇率制度的国家选择进入某种中间汇率制度，采用中间汇率制度国家的比重从1972年的14.1%增加至1996年的57.4%。然而，20世纪90年代中期发生的亚洲金融危机使经济学界逐渐达成共识，并认为，在资本自由流动条件下，采用中间汇率制度是不明智的，新兴市场经济国家与发展中国家应选择"角点解"，即采用浮动汇率或者固定汇率制度，理论界称之为"汇率制度两极化观点"（bi-polar view），这类研究认为，中间汇率制度无法长期维持并容易导致经济危机（Carmignani et al.，2008）。

近期研究（如Husain，Mody and Rogoff，2005；Bird and Rowlands，2009；李杨和张晓晶，2013）对"汇率制度两极化"观点提出了质疑，认为汇率制度两极化现象被夸大，中间汇率制度并不是在所有国家都容易导致危机。本书更进一步发现：汇率制度两极化现象在不同发展阶段国家分组中存在较大差异，即经济越成熟、开放度越高的国家采用中间汇率制度的比重越低。2007年，发达国家采用中间汇率制度的比重为19.3%，而新兴市场经济和发展中国家采用中间汇率制度的比重分别为28.5%、46.5%。可见,有近一半的发展中国家仍然采用中间汇率制度,但随着经济的不断发展,汇率制度两极化现象不断加强,中间汇率制度被越来越多国家放弃,本书称这一现象为"特殊的汇率制度两极化"。对这一"特殊的汇率制度两极化"现象提供新的理论解释,将对汇率制度选择理论的完善与发展具有重要意义。

传统汇率制度选择理论多关注一国政策制定者如何在固定汇率制度与浮动汇率制度间做出选择,对现实中普遍存在的中间汇率制度研究较少。选择固定汇率与浮动汇率制度的核心可归结为在降低汇率波动性与放弃货币政策独立性之间的权衡(Ghosh et al., 2002),这一研究传统可以分为四类。第一类是有关汇率制度隔离冲击的研究,弗莱明(1962)和蒙代尔(1963)提出,在资本自由流动条件下,固定汇率制度下财政政策有效,并能够有效防止名义冲击对产出的影响,而浮动汇率制度下货币政策有效,并能够有效地吸收真实冲击。第二类研究源于第二次世界大战后的欧洲,主要研究不同汇率制度对经济一体化的影响。蒙代尔(1961)和麦金农(McKinnon,1963)的最优货币区理论(optimal currency area)认为,若两国产出冲击相似并高度相关,则价格的灵活性、要素的流动性和财政转移支付系统是更为重要的调整机制,并且固定汇率制度能够促进经济和贸易的一体化。第三类研究强调汇率制度对政策可信性的影响,认为固定汇率制度能够为一国货币提供名义锚(nominal anchor),能够帮助中央银行降低通胀预期并控制通货膨胀,巴罗和戈登(1983)、克鲁格曼(1985)、Giavazzi和Pagano(1988)是这一领域的早期研究。第四类是克鲁格曼(1999)提出的"三元悖论",该理论认为,一国货币政策的独立性、汇率的稳定性和资本的完全流动不能同时实现,最多只能同时实现两个目标。

20世纪90年代早期,理论界认为中间汇率制度是一种好的政策体制,但亚洲金融危机后出现了"汇率制度两极化观点",认为中间汇率制度不可长期维持并具有危机倾向(Fisher,2001)。艾肯格林(Eichengreen,1994)最早提出中间汇率制度,如可调节盯住、爬行盯住、目标区或有管理浮动,都正在或应该消失。艾肯格林和豪斯曼(Eichengreen and Hausmann,1999)、费希尔(Fishcer,2001)和爱德华兹(Edwards,2001a)也认为,中间汇率制度不可长期维持。路继业、杜两省(2010)

从政策可信性视角研究汇率制度选择，并证明中间汇率制度具有不稳定性，从而影响宏观经济绩效。汇率制度两极化相关研究提供的最重要洞察力在于：资本管制放松使一国内部、外部目标间存在不一致性的空间越来越小，在资本可自由流动条件下，固定可调整的汇率制度具有脆弱性和危机倾向（Eichengreen and Garcia，2006）。

豪斯曼等（2001）与卡尔沃和莱因哈特（Calvo and Reinhart，2002）的研究提出了"害怕浮动"理论（fear of floating），并对"汇率制度两极化观点"提出了挑战。他们的研究发现，那些宣称实行浮动汇率制度的国家实际上通过调整国内利率以防止其币值大幅波动，这些国家既没有固定其名义汇率，也没有使其汇率完全自由浮动，卡尔沃和莱因哈特（2002）称这一现象为"害怕浮动"。害怕浮动的相关文献认为，浮动汇率制度并不意味着货币政策完全自治，一些国家货币当局表面采取浮动汇率制度，实际上执行的是某种软盯住（soft peg）的汇率制度，该国货币当局追求隐含的汇率目标，当汇率出现大幅度波动时，货币当局就会进行干预（Plumper and Troeger，2008）。Carmignani等（2008）提出，由于许多国家向IMF报告与其实际执行的汇率制度不同，因此，汇率制度的事实分类法（de facto classification）与官方分类法（de jure classification）在经验上的不同引起许多有趣的研究。

国内外学者在"汇率制度两极化观点"与"害怕浮动"相关理论基础上，进一步对本书所提出的"特殊的汇率制度两极化现象"进行了大量研究，推进了对中间汇率制度的理解和认识，现有研究主要分为两大类。

第一类是基于数据的经验研究，主要对中间汇率制度演进中出现的新的典型化事实进行描述与解释。如费希尔（2001）的研究认为汇率制度两极化现象被夸大了，并提出两极化与资本流动有关，在资本流动受管制的国家，两极化现象并不明显。马森（Masson，2001）的研究也对"汇率制度两极化"观点提出质疑，认为没有证据表明中间汇率制度被持续性抛弃。赫塞恩、莫迪和罗戈夫（Husain, Mody and Rogoff，2005）发现中间汇率制度并没有出现两极化，在新兴市场经济国家中尤其是这样。艾肯格林（2008）利用汇率制度的事实分类法，证明汇率制度两极化现象存在于发达国家，但在新兴市场经济国家与发展中国家这一现象不明显。原因在于随着经济与金融的发展，一国拥有更具吸引力的制度安排，如欧洲的货币联盟，或利用通货膨胀目标制替代汇率目标作为货币政策的名义锚，因此，倾向于放弃软盯住（soft pegs）的中间汇率制度。

第二类是通过对中间汇率制度的理论建模试图对"特殊的汇率制度两极化现象"提供理论解释。如 Salins 和 Quere（2010）利用新凯恩斯模型研究中间汇率制度，提出存在工资刚性且经济遭受生产率冲击与外国利率冲击时，中间汇率制度就是一个恰当的选择。张静和汪寿阳（2004）认为相对灵活的中间汇率制度更适合处于转轨时期的中国，黄志刚（2009）进一步在"蒙代尔—弗莱明"框架中证明中间汇率制度存在的可能性及可持续的条件。上述文献为中间汇率制度的理论建模提供了重要的研究基础，也为"特殊的汇率制度两极化现象"进行理论研究提供了可以借鉴的研究思路。

本书认为，基于时间不一致性与政策可信性的视角可以为"特殊的汇率制度两极化现象"提供完整理论解释。理性预期引入宏观经济分析后，政策的时间不一致性与可信性问题成为影响政策有效性的重要因素（Kydland and Prescott，1977；Barro and Gordon，1983；Rogoff，1985）。Giavazzi 和 Pagano（1988）首次将货币政策可信性与汇率制度联系起来认为，加入欧洲货币体系可以降低政策制定者制造意外通胀的激励。在此基础上，卡尔沃（1999）、多恩布希（2001）、爱德华兹（2001b）和博多（Bordo，2003）进一步发现，盯住低通胀国家的货币可视为一种承诺机制，从而稳定通胀预期，使本国货币政策拥有一个名义锚（nominal anchor），这样可以提高低通胀货币政策的可信性和有效性。中间汇率制度最大特点是免除了政策制定者维持名义汇率水平保持固定不变的责任和义务，使政策制定者获得较大灵活性，而这一政策灵活性会导致政策产生时间不一致性与可信性问题，并影响货币政策的有效性及绩效。因此，本书以 Giavazzi 和 Pagano（1988）与路继业、杜两省（2010）的研究为基础，在时间不一致性框架中运用博弈方法构建一个内含中间汇率制度的模型，并试图回答如下问题：第一，如何从理论上解释"特殊的汇率制度两极化现象"，中间汇率制度在部分国家长期存在的原因是什么？第二，最优汇率制度选择是否一定遵循由固定到中间，再到浮动的唯一路径，影响一国汇率制度选择最重要因素是什么？第三，对当前处于中间汇率制度的中国而言，未来最优汇率制度选择中应重点考虑因素以及应采取的政策措施有哪些？回答这些问题不仅对更为完整理解和认识汇率制度演进中的内在规律具有重要理论意义，对中国未来汇率制度改革也具有重要参考价值。

第二节 基本模型

一 模型的基本结构

（一）政策制定者目标

政策制定者的目标是提高经济增长率，为实现这一目标，政策制定者具有以下激励：（1）提高本国净出口以保持较高的经济增长。因此，假定实际汇率以正的权重进入政策制定者的目标函数；（2）提高意外通货膨胀（$\pi_t - \pi_t^e$）水平。意外通胀在短期内可以提高产出水平，使政策制定者从中获得融资并减少政府的名义债务水平（Barro，1983）；（3）放任预期到通货膨胀的形成，即使公众预期到通货膨胀，政策制定者仍可以从货币创造中获得铸币税收入。但通货膨胀对政策制定者来说也有成本，即易变的通货膨胀使厂商和个人将政府视为一个低效率政府，从而使社会公众长期投资处于较低水平。基于以上分析，政策制定者的目标函数是：

$$\max V = \int_0^T e^{-\rho_1 t} \left[hq_t + c(\pi_t - \pi_t^e) - (a/2)\pi_t^2 \right] dt \quad h, a, c > 0 \tag{6.1}$$

其中，T 为政府任期，ρ_1 为政策制定者的主观贴现率，π_t 为时刻 t 的通货膨胀率，π_t^e 为对 t 时刻通货膨胀率的预期，而 q_t 为实际汇率的对数，它等于名义汇率的对数减去累积的通货膨胀差异。政策制定者的目标形式化为最大化 V，它的控制变量为通货膨胀率 π_t。

（二）社会公众的目标

社会公众的目标是实现低通胀条件下经济长期稳定增长，因此，社会公众的损失函数是：

$$\min \lambda = \int_0^T e^{-\rho_2 t} \left[(Y_t - Y_{tf})^2 + \alpha \pi_t^2 \right] dt \quad \alpha > 0 \tag{6.2}$$

其中，ρ_2 为社会公众的主观贴现率，Y_t 为实际产出水平，Y_{tf} 为潜在产出水平，π_t 为通货膨胀率。预期增广的菲利普斯曲线为：$\pi_t - \pi_t^e = -\beta(Y_{tf} - Y_t)$，$\beta > 0$，将上式代入式（6.2），得：

$$\min \lambda = \int_0^T e^{-\rho_2 t} \left[\left(\frac{\pi_t - \pi_t^e}{\beta} \right)^2 + \alpha \pi_t^2 \right] dt \tag{6.3}$$

社会公众的目标形式化为最小化 λ，社会公众的控制变量为通货膨胀预期 π_t^e。

（三）状态变量与状态变量的转移动态

在本书构造的动态经济模型中，对跨期最优化行为产生重要影响的是政策制定者目标函数（6.1）中实际汇率的对数 q_t，作为这一动态系统的状态变量 q_t，其含义与转移动态具有如下特点。假设在 $t=0$ 时刻国内外的物价水平为 1，国外通货膨胀率在时期 $[0, T]$ 内为零。由于实际汇率 $Q_t = \frac{eP_f}{P_t}$，且 $dP_t/dt = \pi_t$，所以，$P_t = 1 + \int_0^t \pi_s ds$。又由于在时期 $[0, T]$ 假定 $P_f = 1$，可得，$\ln Q_t = \ln e - \ln(1 + \int_0^t \pi_s ds)$。令 $\ln Q_t = q_t$，$\ln e = q_0$，$\ln(1 + \int_0^t \pi_s ds) \approx \int_0^t \pi_s ds$，因此，$q_t = q_0 - \int_0^t \pi_s ds$，相应的，状态变量的转移动态为：

$$\dot{q}_t = -\pi_t, \quad q_0 = \ln e \tag{6.4}$$

（四）中间汇率制度

中间汇率制度的基本特征是政策制定者不再完全承担将名义汇率维持在某一水平的义务，而是可以在某时刻重新调整名义汇率。因此，为使模型尽可能简化并不失一般性，本书假定政策制定者可以在 T_1 时刻根据 $[0, T_1]$ 累积的通货膨胀 $\int_0^{T_1} \pi_t dt$ 对是否调整名义汇率水平做出决策。中间汇率制度下政策制定者的目标函数为：

$$\max V = \int_0^{T_1} e^{-\rho_1 t}\left[h(q_0 - \int_0^t \pi_s ds) + c(\pi_t - \pi_t^e) - \left(\frac{a}{2}\right)\pi_t^2\right]dt$$

$$+ \int_{T_1}^T e^{-\rho_1 t}\left[h\left(q_1\left(\int_0^{T_1}\pi_s ds\right) - \int_0^t \pi_s ds\right) + c(\pi_t - \pi_t^e) - \left(\frac{a}{2}\right)\pi_t^2\right]dt, q_1'\left(\int_0^{T_1}\pi_s ds\right) > 0$$

$$\tag{6.5}$$

由于假定国外通货膨胀水平为 0，$[0, T_1]$ 累积的通货膨胀 $\int_0^{T_1} \pi_t dt$ 会导致本国实际汇率 q_t 升值并降低本国产品在国际市场上的竞争力。因此，处于中间汇率制度的政策制定者会利用调整名义汇率水平时机使名义汇率贬值，以增强本国产品的国际竞争力。基于上述原因，本书假定 $q_1'(\cdot) > 0$。

二 理性预期下的解

到目前为止，我们构造了一个中间汇率制度下政策制定者与社会公众的博弈问题：社会公众的目标函数为（6.3），公众基于对经济形势和政策制定者的认识，形成通货膨胀预期π_t^e，做出经济行为决策；政策制定者后行动，其目标函数为（6.1），并以社会公众的通胀预期为基础，制定货币政策π_t，以最大化其目标函数。在这样一个 Stackelberg 博弈中，公众先行动，形成通胀预期；政策制定者后行动，在充分利用公众通胀预期已知的基础上设定能够实现其福利最大化的通货膨胀率。在这一博弈机制中，中间汇率制度下的低通胀货币政策存在时间不一致性问题。因此，应采用逆向归纳法求解上述博弈的均衡解：首先求解政策制定者的最优通货膨胀路径，并假定社会公众具有理性预期，能够充分认识到政策制定者在中间汇率制度中的这一政策倾向，社会公众基于政策制定者的最优通货膨胀路径形成通胀预期，并做出最优行为决策，具体求解过程如下：

利用动态优化的变分法求解政策制定者目标函数（6.5）的最优解，是一种简便的方法，其最优解的欧拉方程为：

$F_{\pi_t} = 0$,

$$F = e^{-\rho_1 t}\left[h\left(q_0 - \int_0^t \pi_s ds\right) + c(\pi_t - \pi_t^e) - \left(\frac{a}{2}\right)\pi_t^2\right]$$
$$+ e^{-\rho_1 t}\left[h\left(q_1\left(\int_0^{T_1}\pi_s ds\right) - \int_0^t \pi_s ds\right) + c(\pi_t - \pi_t^e) - \left(\frac{a}{2}\right)\pi_t^2\right]$$

即：$h\pi_t + a\pi_t d\pi_t/dt - \left[c + \frac{1}{2}hq_1'(\cdot)\right]d\pi_t/dt = 0$ (6.6)

由式（6.6）可知，中间汇率制度下政策制定者最优通货膨胀率的欧拉方程为一微分方程，并且这一微分方程的解受到 h、a、c 以及 $q_1'(\cdot)$ 两大类因素影响：h、a、c 是政策制定者目标函数中的重要参数，这些参数的取值决定了政策制定者与公众之间目标差异性程度，$q_1'(\cdot)$ 是政策制定者基于前期累积通货膨胀对名义汇率水平做出调整的幅度。

相应的，在预期并认识到政策制定者的上述决策机制后，社会公众在最优化其目标函数（6.3）时应将式（6.6）中所蕴含的政策制定者最优通货膨胀率——暂时假定为 Π，作为约束条件，此时，社会公众目标函数取得最优解的欧拉方程为：

$$F_{\pi_t^e} = 0, F_\gamma = 0, F = e^{-\rho_2 t}\left\{\left[\left(\frac{\pi_t - \pi_t^e}{\beta}\right)^2 + \alpha \pi_t^2\right] + \gamma(\pi_t - \prod)\right\}$$

$$F_{\pi_t^e} = 2e^{-\rho_2 t}\left(\frac{\pi_t - \pi_t^e}{\beta}\right)\left(-\frac{1}{\beta}\right) = 0, F_\gamma = \pi_t - \prod = 0, 可得, \pi_t^e = \pi_t = \prod$$

(6.7)

基于上述分析，此博弈的均衡解为 $\pi_t^* = \pi_t^{e*} = \prod$。因此，式（6.6）中所蕴含的政策制定者最优通货膨胀率 $\prod$ 是决定博弈均衡以及相应经济均衡的重要变量。本书接下来，将在目标差异性不变、目标差异性减弱两种条件下对政策制定者的最优通货膨胀率 $\prod$ 进行求解。

（一）目标差异性不变条件下的解

在目标差异性不变条件下，为简化计算，假定 $h、a、c$ 取值相等并标准化为 1，因此，可以集中分析 $q_1'(\cdot)$ 取值对政策制定者最优通货膨胀率的影响。数值分析发现，若 $h、a、c$ 取值为 1，则 $q'(\cdot)$ 取值越大，最优通货膨胀率的收敛值越高，相应地，公众通胀预期水平也越高。在中间汇率制度下，$[0, T_1]$ 累积的通货膨胀 $\int_0^{T_1} \pi_t dt$ 以及政策制定者基于此对名义汇率水平做出调整的幅度 $q_1'\left(\int_0^{T_1} \pi_t dt\right)$，会对政策制定者最优通货膨胀决策从而对社会公众通货膨胀预期产生巨大影响。如果前期累积的通货膨胀较低，则政策制定者对名义汇率进行贬值的幅度较小，系统产生的最优通货膨胀水平较低，社会公众基于此形成的通货膨胀预期也较低，系统会产生一个低通胀、低通胀预期的均衡解，相应的经济绩效也较高。如果期初累积的通货膨胀较高，政策制定者为弥补前期因高通胀给其贸易竞争力所带来的损失，则会以大幅贬值名义汇率 $\left[q_1'\left(\int_0^{T_1} \pi_t dt\right)\right.$ 值较高] 的方式来提高其贸易竞争力，使系统最终仅获得一个高通胀、高通胀预期的均衡解，相应的经济绩效也较低。因此，在这一由政策制定者与公众间目标差异性导致的时间不一致性框架中，中间汇率制度具有内在不稳定性，会增大经济波动幅度，降低宏观经济运行绩效。

（二）目标差异性减弱条件下的解

由于一国经济不断发展和成熟过程通常伴随着相关制度的不断完善，尤其是通过对一国政策制定者自由量裁权的限制，政策透明度提高，政策也更能反映社会公众偏好。因此，有必要研究目标差异性减弱过程中，上述博弈均衡解的特点。根据本书对政策制定者目标函数的设定，所谓目标差异性减弱是指政策制定者越来越不倾向于依赖名义汇率水平竞争性贬值和制造意外通胀来刺激经济增长，并且更为重视通货膨胀给其带来政治成本。因此，h、c 值降低，a 值的提高就意味着本书模型中的目标差异性在减弱。为简化分析，本书假定 h、c 相等并且取值不断下降，而 a 的取值不断提高，在上述条件下，博弈最优解的一阶条件（6）可转化为式（8）。

$$\pi_t + \frac{a}{h}\pi_t d\,\pi_t/dt - \left[1 + \frac{1}{2}q'_1(\,\cdot\,)\right]d\,\pi_t/dt = 0 \tag{6.8}$$

由于主要关注目标差异性减弱过程中名义汇率贬值幅度 $q'_1(\,\cdot\,)$ 对博弈均衡影响，本书接下来将分析 $\frac{a}{h}$ 和 $q'_1(\,\cdot\,)$ 取值不断增加条件下政策制定者最优通胀率以及相应的博弈均衡解。

表 6-1　　　　不同目标差异性与冲击下通货膨胀的收敛值

$1+0.5q'_1(\,\cdot\,)$ \ a/h	1	2	3	4	5	6
1	0.8	0	0	0	0	0
1.5	1.2	0.8	0	0	0	0
3	2.8	1.2	0.8	0.8	0.8	0
6	6	2.8	1.9	1.2	1.2	0.4

说明：(1) 表中从左至右代表政策制定者与社会公众目标差异性减弱（a/h 的值增大）条件下最优通货膨胀的收敛值；(2) 表中从上至下代表政策制定者对名义汇率水平做不同幅度贬值时，最优通货膨胀收敛值。

从表 6-1 中的结果可以得出：

第一，在目标差异性相同条件下（a/h 相等，表 6-1 中各列的数字），前期累积的通货膨胀水平较高且政策制定者基于此对名义汇率水平进行大幅度贬值时，最优通货膨胀和通胀预期的收敛值会提高。

第二，在通胀冲击、名义汇率贬值冲击相同条件下，随着目标差异性的减弱（a/h 提高，表 6-1 中各行中数字），政策制定者最优通货膨胀的收敛值在下降。相应的，社会公众通胀预期水平也下降。

第三，中间汇率制度具有内在不稳定性源自两个方面：一是政策制定者与社会公众之间目标差异性的程度；二是名义汇率在遭受冲击后的贬值幅度。

第四，政策制定者与社会公众间的目标差异性是中间汇率制度具有不稳定性的内在根本原因，而降低这一差异性的政策与机制可以实现控制通胀预期，提高低通胀货币政策可信性的目标。

上述结论可以获得一个重要推论，即一国政策制定者如果通过对其自身施加各种约束机制，不断提高其低通胀货币政策的可信性，最终极大地消除由目标差异性带来的政策可信性与时间不一致性问题时，该国政策制定者就失去了通过对名义汇率水平进行竞争性贬值以刺激经济的主观激励和客观能力。此时，中间汇率制度的灵活性便不再具有吸引力，固定汇率制度所提供的"名义锚"功能也不再必要，而迈向浮动汇率制度就成为这些机制健全、经济成熟、开放度较高国家的最优选择。

三 理论研究的主要结论

本书的理论模型可以得出如下结论，即中间汇率制度具有内在不稳定性，其内在根源是政策制定者与社会公众间存在目标差异性，并且政策制定者无法对其低通胀货币政策施加可信的承诺，外部诱因是经济遭受冲击的性质与强度，两者共同决定中间汇率制度不稳定性的程度。

基于上述主要结论，本书的理论研究能够对"特殊的汇率制度两极化现象"提供完整理论解释。

第一，政策制定者与社会公众目标差异性的动态变化与一国经济所遭受冲击的性质与强度共同决定中间汇率制度不稳定性的程度。

第二，虽然大部分发展中国家缺乏成熟的制度和机制对其中央银行制造意外通货膨胀行为进行约束和限制，即发展中国家的政策制定者与社会公众的目标差异较大。但是，如果发展中国家遭受经济冲击单一且规模较小，则基于自身利益最大化考虑的政策制定者不会对名义汇率水平进行大幅度贬值。此时，通货膨胀以及社会公众的通胀预期均较低，政策制定者与社会公众的福利水平均较高。在此种条件下，中间汇率制度能够在发展中国家长期维持并获得较高经济绩效。

第三，对于新兴市场经济国家而言，由于经济的快速发展与不断开放，其所遭受经济冲击的多样性增加，强度增大，此时，政策制定者倾向于将名义汇率一次性大幅度贬值，以使本国产品在国际市场重获竞争力。但是，具有理性预期的社会公众会同时形成较高通胀预期，以避免其自身利益遭受损害,最终形成高通胀、高通胀预期的均衡,政策制定者与社会公众的福利水平都会下降。此时,中间汇率制度已不再是新兴市场经济国家最优的政策选择。新兴市场经济国家要么退回到固定汇率制度,并利用盯住低通胀货币所获得的"名义锚"稳定预期从而稳定该国经济;要么通过完善各种约束机制或承诺机制,重建低通胀货币政策可信性,此时,迈向浮动汇率制度就成为这些新兴市场经济国家的最优选择。

第四,对于发达国家而言,虽然其经济更为开放,外部冲击对经济的影响更大,但由于发达国家通过各种制度和机制建设不断降低其中央银行与社会公众目标差异程度,如提高中央银行独立性,利用通货膨胀目标制、利率规则或货币联盟等方式重建其低通胀货币政策的可信性。因此,对于发达国家而言,中间汇率制度的灵活性便不再具有吸引力,固定汇率制度所提供的"名义锚"功能也不再必要,而迈向浮动汇率制度就成为这些机制健全、经济成熟国家的最优选择。

基于上述原因,本书的理论模型确实能够对"随着经济不断发展,中间汇率制度会被越来越多国家放弃,汇率制度两极化现象不断加强"这一"特殊的汇率制度两极化现象"提供完整的理论解释。

四 理论研究与经验研究的内在联系

本书对"特殊的汇率制度两极化现象"所提供的上述解释在现实中是否成立,还需要对两个重要的理论猜想进行经验验证。

猜想一:在现实中,政策制定者与社会公众的目标差异性是否会随着经济发展、制度成熟而逐渐减弱。

猜想二:在现实中,随着一国经济发展与开放度不断提高,其经济所遭受冲击的性质与强度是否都在不断改变。这两大类因素在现实中是否与理论预测相似的模式变化并导致出现"特殊的汇率制度两极化现象",这是计量模型要检验或验证的两大关键问题。

经验观察、现有文献以及本书后续经验研究的部分结果均能证明,政策制定者与社会公众之间目标差异性随经济发展会不断减弱。

首先,现实中可以观察到的是,随着一国经济的发展与完善,一国对其中央银行制约机制更为完善。同时,由于贸易与资本项目的开放,中央银行的时间不一致性行为会受到社会公众更为强烈的制约,即公众可以将资产转移至低通货膨胀国家或以低通胀货币持有。因此,随着一国经济的不断发展,其政策制定者与社会公众之间目标差异性的程度在减弱。

其次,艾肯格林(2008)利用汇率制度的事实分类法证明,汇率制度两极化现象存在于发达国家,但在新兴市场经济国家与发展中国家这一现象不明显。原因在于随着经济与金融的发展,一国拥有更具吸引力的制度安排,如欧洲的货币联盟,或利用通货膨胀目标制替代汇率目标作为货币政策的名义锚,这些制度都显著降低了政策制定者与社会公众之间目标差异性程度,降低了政策时间不一致性问题。

最后,本书后续经验研究实际是对理论研究所提出猜想的一个基于统计数据的验证。更进一步,面板 VAR 的部分估计结果也发现,发达国家的通货膨胀具有较强的惯性,广义货币供应量对发达国家通货膨胀的影响在统计上不显著,即其通货膨胀主要由通胀自身而非货币供应量解释。这说明发达国家通过一系列货币政策体制改革和机制建设,大大降低了目标差异性,降低了政策的时间不一致性问题,并因而能够较好地控制与平滑通货膨胀过程。

基于上述原因,本书后续经验研究主要在检验或验证,随着一国经济发展与开放度不断提高,其经济所遭受冲击的性质与强度是否在不断改变,并相应导致"特殊的汇率制度两极化现象"。接下来,本书将利用面板 VAR 模型的方法对上述理论猜想进行经验验证,并为理论研究的主要结论提供经验上的验证与支持。

第三节 基于面板 VAR 模型的经验证据

一 数据说明

(一) 变量说明与统计性描述

本书利用 160 个国家 1970—2008 年的数据,并根据赫塞恩、莫迪和罗戈夫(2005)对国家的分类方法将世界各国分为发展中、新兴市场经济和发达国家。文中数据来自 IMF 的国际金融统计数据库(IFS)、世界经济展望数据库(WEO)和 IMF 有关专家。表 6-2 给出了各变量的定义说明和统计性描述。

表 6-2　　　　　　　　　变量定义说明和统计性描述

变量名	变量解释	样本数			均值			标准差		
CPIG	CPI 增长率	3778	1063	1206	0.6275	0.3476	0.0982	6.4598	1.9040	0.4380
GDPG	实际 GDP 增长率	3863	1080	1204	0.0358	0.0400	0.0346	0.0601	0.0671	0.0480
BMG	广义货币增长率	3856	1069	1081	0.6182	0.3802	0.1813	10.2886	1.5829	0.7840
XGDP	出口占 GDP 比重	3619	1086	1209	0.3224	0.5247	0.5923	0.4086	0.3844	1.2201
GDPPCG	人均实际 GDP 增长率	3889	1085	1208	0.0160	0.0243	0.0214	0.0755	0.0676	0.0638

说明：样本数、均值、标准差下方三栏从左起依次为发展中国家、新兴市场经济国家和发达国家的相应数据。

（二）中间汇率制度的经济绩效

本书采用 IMF 的事实分类法（de facto classification）将各国汇率制度分为浮动、中间和固定汇率制度。由于事实分类法通过实际汇率和储备波动数据中所蕴含的有关汇率、货币政策框架和政策倾向等信息对各国实际采用的汇率制度进行分类。因此，相比较于官方分类法（de jure classification），事实分类法能更为准确地反映真实情况。

一国宏观经济绩效通常用通货膨胀率和经济增长率衡量，这两个指标是各国在不同汇率制度间选择时考虑的重要因素。基于这一原因，本书对处于不同发展阶段国家在各种汇率制度下的经济绩效进行初步研究，研究结果发现，在各国家分组中，中间汇率制度的经济绩效随经济的发展与成熟不断降低，具体见表 6-3 和表 6-4。

表 6-3　　　　　　　　　中间汇率制度的经济绩效

	发展中国家			新兴市场经济国家			发达国家		
	浮动	中间	固定	浮动	中间	固定	浮动	中间	固定
CPIG	0.986 (5.628)	0.999 (9.472)	0.401 (3.638)	0.776 (4.296)	0.575 (2.327)	0.144 (0.664)	0.040 (0.053)	0.110 (0.254)	0.050 (0.049)
GDPG	0.024 (0.080)	0.036 (0.055)	0.037 (0.066)	0.023 (0.111)	0.040 (0.068)	0.044 (0.063)	0.031 (0.026)	0.033 (0.055)	0.041 (0.048)
BMG	0.892 (5.120)	0.686 (5.016)	0.672 (14.931)	0.576 (2.766)	0.640 (2.234)	0.193 (0.293)	0.093 (0.100)	0.177 (0.443)	0.154 (0.199)

说明：表中数字为相应变量的均值，括号中的数字为相应变量的方差。

表6-4　　　　　　　　　汇率制度经济绩效排序

发展中国家	固定汇率制度	中间汇率制度	浮动汇率制度
新兴市场国家	固定汇率制度	中间汇率制度	浮动汇率制度
发达国家	浮动汇率制度	固定汇率制度	中间汇率制度

说明：从左至右代表汇率制度的经济绩效不断降低。

表6-3和表6-4中结果一定程度为理论研究的主要结论提供证据。

第一，中间汇率制度的相对经济绩效随经济发展不断降低。从表6-3和表6-4中结果可以看出，在经济发展的各个阶段，中间汇率制度的经济绩效均相对较低，并且随着经济的发展，中间汇率制度的经济绩效也在不断降低，在发达国家分组中，中间汇率制度的经济绩效最低。

第二，中间汇率制度在三组国家中均表现出较低的经济绩效。在发展中国家分组中，中间汇率制度的经济绩效要低于固定汇率制度但高于浮动汇率制度，而现实中发展中国家也确实较多地选择了固定和中间汇率制度。在新兴市场经济国家分组中，中间汇率制度的经济绩效居于中间，这一点与发展中国家分组中的结果相似，但固定汇率制度却能更有效地帮助新兴市场经济国家控制通货膨胀、稳定经济增长，现实中新兴市场经济国家在退出中间汇率制度过程中更多选择退回到固定汇率制度体系。在发达国家分组中，中间汇率制度的经济绩效最低，浮动汇率最高，固定汇率居中，现实中发达国家也较多地选择了浮动和固定汇率制度，选择中间汇率制度的发达国家极少。

第三，随着经济不断成熟，通货膨胀水平降低，并且稳定性不断提高。这从另一个侧面证明了政策制定者在经济发展过程中不断通过机制和制度的完善，尤其是建立起对政策制定者有效的约束机制，一国政策制定者制造意外通胀的激励也在不断减弱[①]，其控制通胀预期的能力在增强，相应地，政策制定者能够更加有效地控制通货膨胀。

上述特征均在一定程度为本书对"特殊的汇率制度两极化现象"的理论解释提供了来自经验数据的支撑。为更充分证明理论解释的合理性，还需要进一步利用面板VAR模型对经济发展过程中各种冲击动态变化的

---

① 从广义货币增长率（BMG）的均值和方差不断降低也能够得出，随着经济发展，政策制定者通过增发货币刺激总需求，进而促进经济增长的激励在不断减弱。

特征及其对中间汇率制度内在不稳定性的影响机制进行识别与验证。

二 模型设定与估计方法

由于本书关注不同发展阶段国家所遭受冲击的来源、强度以及动态变化，而最新发展的面板 VAR 模型能够实现这一研究目标。面板 VAR 技术将传统 VAR 模型与面板数据模型的特点相结合，即将所有系统变量视为内生变量的同时也允许模型中存在无法观测的个体异质性。具体而言，本书建立如下形式的面板 VAR 模型。

$$y_{i,t} = \Gamma_0 + \sum_{j=1}^{q} \Gamma_j y_{i,t-j} + f_i + d_{c,t} + e_{i,t} \tag{6.9}$$

式（6.9）中 $y_{i,t}$ 为面板 VAR 模型中的内生变量向量，Γ_j 为体现变量滞后效应的矩阵，j 为滞后阶数，f_i 为体现个体异质性的国家固定效应，反映了国家间的异质性，$d_{c,t}$ 为国别时间哑变量，用于捕捉每一时期各国可能受到的特定冲击。①本书引入如下内生变量：(1) CPIG，消费者物价指数增长率，用于衡量通货膨胀绩效；(2) GDPG，实际国内生产总值增长率，用于衡量经济增长绩效；(3) BMG，广义货币增长率，用于捕捉国内总需求冲击；(4) XGDPG，出口占 GDP 比重，用于捕捉外部总需求冲击；(5) GDPPCG，人均实际 GDP 增长率，用于捕捉技术冲击。

由于面板 VAR 模型中存在滞后因变量，因此，模型中的固定效应与解释变量相关。但传统的用于消除固定效应的均值差分方法在此模型中会导致参数估计有偏，为避免这一问题，本书参照 Arellano 和 Bover（1995）的"向前均值差分"方法，即"Helmert 转换"，消除模型固定效应。这一方法通过消除每个个体向前的均值，即每一时期未来观测值的均值，保证了滞后变量与转换后的变量正交，进而与误差项无关，因而可以使用滞后变量作为其工具变量，并采用系统 GMM 方法进行参数估计。同时，本书引入国别时间哑变量用于捕捉每一时期各国可能受到的特定冲击，因此，在估计前本书通过将各样本点减去组内均值的方法消去了时间哑变量。

三 估计结果与分析

本书利用面板 VAR 模型分别对发展中、新兴市场经济与发达国家的

---

① 本书在估计面板 VAR 模型时使用了世界银行 Inessa Love 博士提供的 PVAR 程序，在此表示感谢。

三个分组数据进行估计,并对这三组国家所遭受的经济冲击进行识别与分析。本书并没有对上述三个分组中选择中间汇率制度国家遭受的经济冲击进行估计与识别,主要基于如下考虑:

首先,基于保证样本容量的考虑。本书的面板数据是由1970—2008年160个国家的数据构成,而各个国家选择中间汇率制度的年份和持续时间均不同,因此,如果在三个分组中进一步对选择中间汇率制度的国家所遭受的经济冲击进行估计,将会大大降低估计的样本容量,估计结果的可靠性也会大大降低。

其次,基于避免样本选择偏差的考虑。本书经验研究的主要目的是验证现实中是否存在如下理论猜想,即随着一国经济发展与开放度的不断提高,其经济所遭受冲击的多样性与规模都在不断改变,并导致出现了"特殊的汇率制度两极化现象"。如果将样本确定为选择中间汇率制度的国家,则样本抽样的随机性下降,因此,估计结果的可靠性也下降。

基于上述两点考虑,本书利用面板 VAR 模型对总体数据中三个分组国家数据分别进行估计。

(一)单位根检验

本书数据为非平衡面板数据,因此,使用面板单位根检验中 Im-Pesaran-Shin 方法检验变量的平稳性,检验结果表明所有变量均不含有单位根,可以认为这些变量都是平稳的,结果见表 6 – 5。

表 6 – 5　　　　　　　　面板单位根检验结果

H_0:变量非平稳						
检验方法	统计量/P 值	CPIG	GDPG	BMG	XGDPG	GDPPCG
Im-Pesaran-Shin t test	W[t – bar] 统计量 P – Value	– 6.5078 (0.000)	– 13.9266 (0.000)	– 7.2067 (0.000)	– 5.2e + 02 (0.000)	– 13.4207 (0.000)

(二)估计结果

在消除模型中的固定效应与国别时间哑变量后,本书利用系统 GMM 方法对面板 VAR 模型式(6 – 9)中的系数进行估计,并根据收敛情况将滞后期设定为 2 期,估计结果见表 6 – 6。

根据表 6 – 6 中的估计结果,本书建立的面板 VAR 模型基本显著,对重要宏观经济变量间的动态关系给予了明确刻画，并有如下重要发现：

第一，发展中国家的通货膨胀与新兴市场经济国家通货膨胀相比相对稳定特征。虽然滞后一期的广义货币增长率（L. h_ wbmg）对通货膨胀具有正向影响，但相对于新兴市场经济国家，这一影响的规模较小。同时，滞后一期的实际GDP增长率（L. h_ wgdpg）相对于新兴市场经济国家与发达国家，对通货膨胀具有更强的负向影响，并且由于滞后一期的出口占GDP比重（L. h_ wxgdp）对经济增长具有较强正向影响，这会进一步通过上述机制稳定发展中国家通货膨胀。因此，发展中国家通货膨胀是相对稳定的。

第二，新兴市场经济国家具有较强的通货膨胀倾向。这首先表现为滞后一期的广义货币增长率（L. h_ wbmg）对通货膨胀具有极强的正向影响，其影响程度大大高于发展中国家与发达国家；同时，滞后一期的实际GDP增长率（L. h_ wgdpg）对通货膨胀的负向影响远远小于发展中国家。因此，新兴市场经济国家具有较强的通货膨胀倾向。

第三，发达国家通货膨胀具有较强惯性，并且技术冲击对发达国家的经济增长具有重要影响。滞后一期的广义货币增长率（L. h_ wbmg）对发达国家通货膨胀的正向影响规模较小且统计上不显著，但是，滞后一期的通货膨胀（L. h_ wcpig）对当期通货膨胀具有显著的正向影响，可见，发达国家通货膨胀具有明显的惯性。同时，技术冲击，即滞后一期的人均实际GDP增长率（L. h_ wgdppcg）对发达国家经济增长具有显著的正向影响，这一点在其他国家分组中并不明显。

（三）脉冲响应分析

脉冲响应函数是衡量随机扰动项一个标准差冲击对其他内生变量当前和未来取值的影响轨迹，能比较直观刻画变量之间的动态交互作用和效应，并从动态反应中判断变量间的时滞关系。本书利用正交化脉冲响应函数（orthogonalized impulse-response functions）分析通货膨胀与经济增长如何对国内需求冲击（BMG）、外部需求冲击（XGDP）与技术冲击（GDP-PCG）做出反应。正交化脉冲响应函数能够识别其他冲击保持为0时，系统内生变量对某一特定冲击的动态反应。具体而言，本书通过给予变量一个标准差冲击，使用蒙特卡洛（Monte Carlo）模拟500次得到脉冲响应函数图，并给出95%的置信区间。图中横轴代表冲击反应的响应期数，纵轴表示内生变量对于冲击的响应程度。

表 6-6　面板 VAR 模型的系统 GMM 估计结果

	h_wcpig			h_wgdpg		
	发展中国家	新兴市场经济国家	发达国家	发展中国家	新兴市场经济国家	发达国家
L.h_wxgdp	0.0164 (2.1193)	-0.1560 (0.0962)	0.1222 (0.3628)	0.3695 (0.0168)***	0.0136 (0.0157)	-0.0138 (0.0147)
L.h_wgdppcg	-0.0648 (3.5073)	0.0475 (0.5499)	-0.2703 (0.1928)	0.1401 (0.0778)*	0.0717 (0.1271)	0.1986 (0.0827)***
L.h_wcpig	-0.0315 (0.0617)	-0.1309 (0.1432)	0.5859 (0.2682)***	0.0000 (0.0002)	-0.0047 (0.0028)	-0.0238 (0.0141)*
L.h_wgdpg	-11.4284 (5.3841)***	-1.4303 (0.6448)***	-0.0085 (0.1892)	0.1079 (0.0893)	0.1428 (0.1622)	-0.0106 (0.2142)
L.h_wbmg	0.5008 (0.1215)***	1.2054 (0.2353)***	0.0036 (0.0980)	-0.0002 (0.0002)	0.0027 (0.0020)	0.0082 (0.0073)
L2.h_wxgdp	-0.2473 (2.0601)	0.0259 (0.0824)	-0.1069 (0.2800)	-0.0252 (0.0159)	-0.0047 (0.0165)	0.0128 (0.0117)
L2.h_wgdppcg	1.3610 (2.4735)	0.6889 (0.4929)	-0.0006 (0.1225)	0.1425 (0.0476)***	-0.0062 (0.1089)	-0.0429 (0.0530)
L2.h_wcpig	0.1631 (0.0937)*	0.0090 (0.1835)	0.1418 (0.1110)	-0.0001 (0.0001)	-0.0012 (0.0025)	-0.0051 (0.0064)
L2.h_wgdpg	-6.9905 (2.8582)***	-0.8109 (0.5467)	-0.1185 (0.3019)	-0.0175 (0.0471)	-0.0794 (0.1323)	-0.0609 (0.1298)
L2.h_wbmg	-0.1587 (0.1637)	-0.2330 (0.2953)	-0.1415 (0.0935)	-0.0002 (0.0002)	0.0039 (0.0036)	0.0043 (0.0034)

说明：(1) h_w 表示在估计前各变量的国别时间效应与固定效应均已消除，因此，表 6 中仅报告 h_wcpig、h_wgdpg 两个动态方程的参数估计值与标准差；(2) L 与 L2. 分别表示各变量的一阶滞后与二阶滞后；(3) 由于本书主要关注通货膨胀与经济增长，h_wcpig、h_wgdpg 下方从左至右分别为发展中国家、新兴市场经济国家与发达国家的参数估计值与标准差。

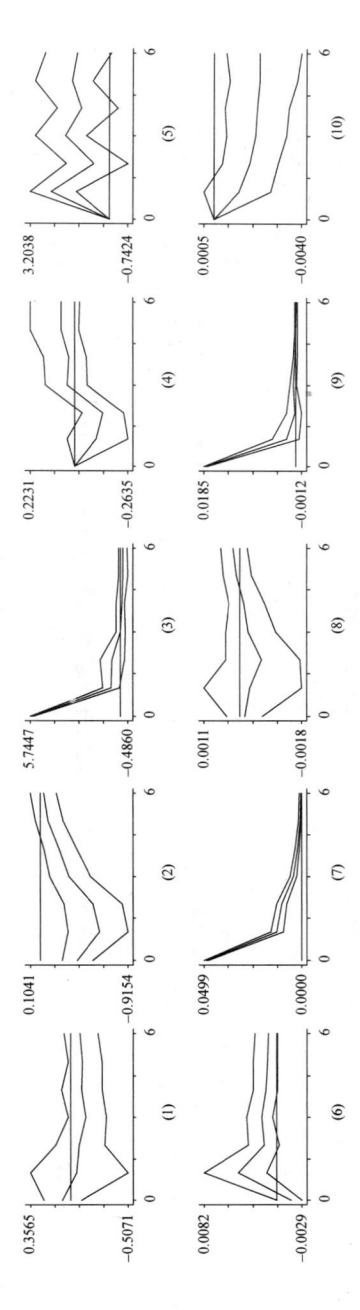

图 6-1 发展中国家的 CPIG 和 GDPG 脉冲响应

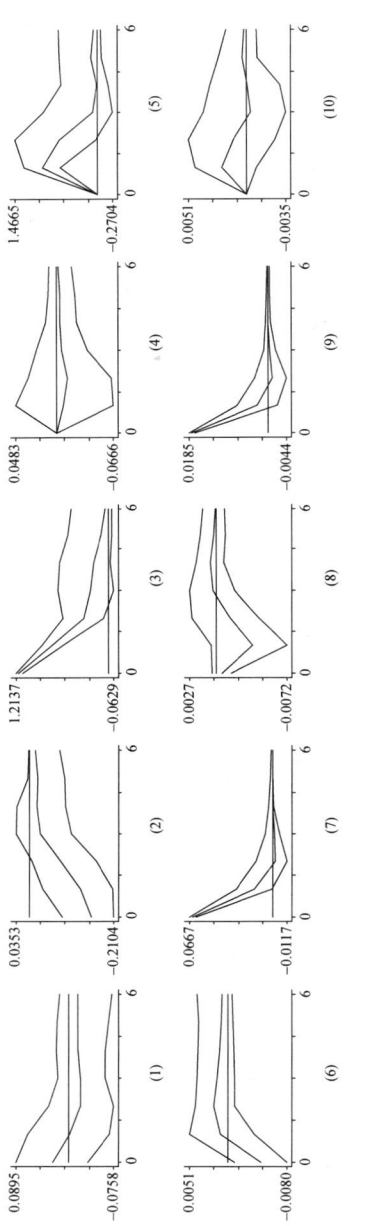

图 6-2 新兴市场经济国家的 CPIG 和 GDPG 脉冲响应

图 6 – 3 发达国家的 CPIG 和 GDPG 脉冲响应

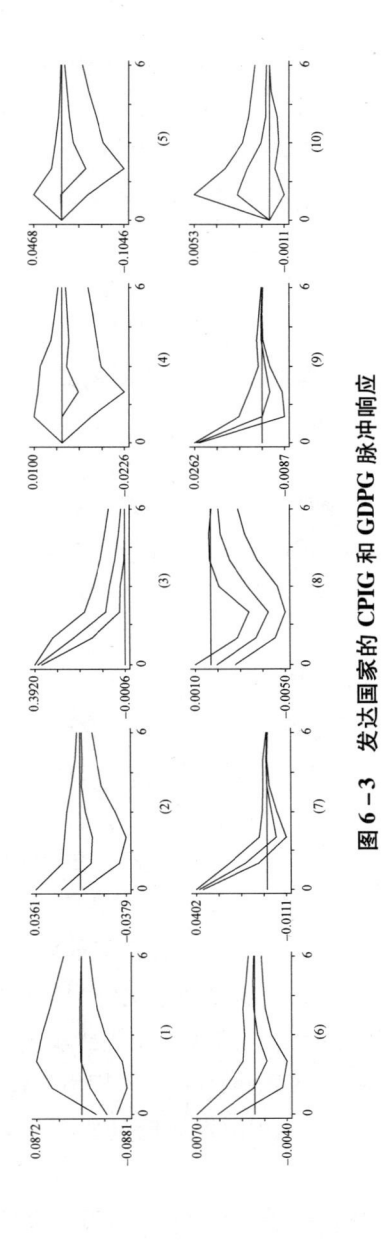

说明：图 6 – 1 至图 6 – 3 中，(1) — (5) 分别为 CPIG 对 XGDP、GDPPCG、CPIG、GDPG 和 BMG 的脉冲响应图；(6) — (10) 分别为 GDPG 对 XGDP、GDPPCG、CPIG、GDPG 和 BMG 的脉冲响应图。

图 6-1、图 6-2 和图 6-3 给出了处于三个不同发展阶段的国家在面临各种冲击时的动态反应，从中可以得出如下重要结论：

第一，发展中国家的通货膨胀在短期内受 BMG 影响较大，但这一影响很快就变得统计上不显著，同时，GDPPCG 能够持续性降低发展中国家的通货膨胀并促进其经济增长。

第二，新兴市场经济国家的通货膨胀受 BMG 影响较大，持续性相对较长，但 GDPCG 在抑制新兴市场经济国家通货膨胀的强度与持续性均较低，并且 GDPPCG 促进新兴市场经济国家经济增长的持续性较弱。

第三，发达国家的通货膨胀具有较强的惯性，并且 BMG 对通货膨胀影响在统计上并不显著，XGDP 对通货膨胀与经济增长的影响统计上不显著，且持续性不强。但是，技术冲击（GDPPCG）对发达国家的经济增长具有显著且持久影响。

（四）方差分解

为更准确考察 CPIG、GDPG、BMG、XGDP、GDPPCG 的相互影响程度，本书通过方差分解，得到不同面板 VAR 方程的冲击反应对内生变量波动的贡献度，并给出了第 10、第 20 个和第 30 个预测期的方差分解结果。

表 6-7 中的方差分解结果表明：

第一，随着经济发展，通货膨胀由自身解释的比例先略微下降，然后快速上升。如第 10 个预测期中的结果，wcpig 由自身解释的比例在发展中、新兴市场经济国家和发达国家中分别为 60.76%、59.13% 和 97.44%，这表明通货膨胀的惯性或稳定性随经济的发展会先略微减弱并快速增强。

第二，国内总需求冲击（BMG）对通货膨胀的解释力随经济发展水平的提高先增强后下降。如第 10 个预测期中的结果，wbmg 对 wcpig 解释的比例在发展中、新兴市场经济国家和发达国家中分别为 37.17%、39.49% 和 1.07%，可见，新兴市场经济国家的货币供应量变化对通货膨胀的解释力略高于发展中国家，但货币供应量对发达国家的通货膨胀解释能力极小。

第三，发达国家通货膨胀具有较强惯性，主要由通胀自身而非货币供应量解释，这部分说明发达国家通过一系列货币政策体制改革和机制建设已能够较好控制与平滑通货膨胀过程。

第四，随着经济的发展，经济增长由自身解释的比例也表现为先下降后上升。如第 10 个预测期中的结果，wgdpg 由自身解释的比例在发展中、新兴市场经济和发达国家中分别为 10.80%、6.97% 和 27.27%，这表明经济增长的惯性或稳定性随经济发展先下降后上升。同时，在所有国家分组中，技术冲击（GDPPCD）都是经济增长的最重要影响因素。

表 6－7 方差分解结果

	预测期	发展中国家		新兴市场经济国家		发达国家	
		wcpig	wgdpg	wcpig	wgdpg	wcpig	wgdpg
wxgdp	10	0.14%	1.01%	0.07%	0.64%	1.26%	0.98%
wgdppcg	10	1.82%	87.10%	1.29%	91.91%	0.21%	70.05%
wcpig	10	60.76%	0.03%	59.13%	0.35%	97.44%	1.35%
wgdpg	10	0.11%	10.80%	0.01%	6.97%	0.02%	27.27%
wbmg	10	37.17%	1.06%	39.49%	0.13%	1.07%	0.35%
wxgdp	20	0.13%	1.03%	0.08%	0.65%	1.26%	0.98%
wgdppcg	20	1.39%	85.92%	1.29%	91.90%	0.21%	70.05%
wcpig	20	46.44%	0.06%	59.13%	0.35%	97.43%	1.35%
wgdpg	20	0.17%	10.66%	0.01%	6.97%	0.02%	27.27%
wbmg	20	51.87%	2.33%	39.49%	0.13%	1.07%	0.35%
wxgdp	30	0.12%	1.02%	0.08%	0.65%	1.26%	0.98%
wgdppcg	30	1.17%	84.94%	1.29%	91.90%	0.21%	70.05%
wcpig	30	38.65%	0.08%	59.13%	0.35%	97.43%	1.35%
wgdpg	30	0.20%	10.54%	0.01%	6.97%	0.02%	27.27%
wbmg	30	59.87%	3.41%	39.49%	0.13%	1.07%	0.35%

说明：(1) 本书主要关注通货膨胀与经济增长，因此，表 6－7 中仅报告 wcpig、wgdpg 的方差分解结果；(2) 各列所对应指标由相应各行的数值解释。

四 经验研究的主要结论

综合上述面板 VAR 模型的参数估计、脉冲响应以及方差分解的主要结果，本书经验研究可以得出如下主要结论：

第一，对于发展中国家，国内总需求冲击（BMG）仅在短期内对通货膨胀产生影响，程度也弱于新兴市场经济国家，并且技术冲击（GDP-PCD）在促进发展中国家经济增长的同时，对通货膨胀也有较强抑制作用。

第二，对于新兴市场经济国家，国内总需求冲击（BMG）对其通货膨胀具有较强影响，脉冲响应结果表明这一影响的持续性也较强，并且技术冲击（GDPPCD）对新兴市场经济国家通货膨胀的抑制作用也较弱。

第三，对于发达国家，国内总需求冲击（BMG）对通货膨胀的影响在统计上不显著，同时，发达国家的通货膨胀具有极强的惯性，方差分解结果也表明，国内总需求冲击（BMG）对发达国家通货膨胀影响极小。但是，技术冲击（GDPPCD）对发达国家经济增长具有显著的影响，并且技术冲击是对发达国家经济运行产生影响的最为重要冲击，这一点是发达国家独有的特征。

第四，经验研究的结果表明，发达国家的通货膨胀具有极强的惯性和稳定性，并且货币因素（BMG）对发达国家通货膨胀的影响和解释力均十分微弱。这一结果也从经验上证明，发达国家通过各种制度和机制建设不断降低其中央银行与社会公众目标差异的程度，如提高中央银行独立性，利用通货膨胀目标制、利率规则或货币联盟等方式重建其低通胀货币政策的可信性，在此条件下，发达国家中央银行通过扩张货币以刺激短期经济增长的激励被大大弱化。

因此，本书经验研究的主要结论不仅验证了理论研究中所提出的重要猜想，并且为理论模型对"特殊的汇率制度两极化想象"的理论解释提供了更为充分的经验证据。

首先，随着一国经济的不断发展，其经济遭受冲击的性质与强度在不断变化。国内总需求冲击（BMG）对通货膨胀的影响表现为先略微上升并快速下降的特点。技术冲击（GDPPCD）对经济影响的动态特征相对复杂，如技术冲击能够显著降低发展中国家通胀水平，但对新兴市场经济国家通胀抑制作用不明显，同时，技术冲击对发达国家的经济增长产生了十分重要的影响。

其次，随着一国经济的不断发展，政策制定者与社会公众间的目标差异性也在不断变化。发展中与新兴市场经济国家由于制度的不完善，缺乏对货币当局的制约机制，同时，货币当局没有建立起有效的政策承诺机制，因此，经验研究发现这两组国家货币供应量（BMG）对通货膨胀具有重要的影响。但对于发达国家，经验研究发现货币供应量（BMG）对其通货膨胀影响较小且统计上不显著，并且发达国家通货膨胀具有较强的惯性和稳定性。因此，发达国家由于机制和制度的不断完善，其政策制定者与社会公众间的目标差异性被极大降低。

最后，在经济冲击与目标差异性存在上述动态变化的特征下，现实中确实能够出现"特殊的汇率制度两极化现象"。发展中国家由目标差异性所导致的政策可信性问题虽然严重，但由于各种冲击对通货膨胀影响相对较小，所以，中间汇率制度的内在不稳定性并没有被经济冲击所引发，因此，中间汇率制度在发展中国家可以被长期维持并保持较高经济绩效。新兴市场经济国家不仅存在由目标差异性所导致的政策可信性问题，同时，经济冲击对这组国家通货膨胀与经济稳定性有更大的影响，因此，中间汇率制度的内在不稳定性被触发，中间汇率制度的可维持性与经济绩效大大降低。对于尚未建立有效承诺机制和约束机制的国家，退回到固定汇率制度就是一个较好的政策选择，因此，现实中表现出，退出中间汇率制度的新兴市场经济国家较多转向了固定汇率制度。对于发达国家，由于制度和机制的完善，其目标差异性所导致的政策可信性问题被大大降低，同时，仅有技术冲击对发达国家经济运行产生最为重要的影响。因此，对于发达国家而言，中间汇率制度的灵活性便不再具有吸引力，固定汇率制度所提供的"名义锚"功能也不再必要，而迈向浮动汇率制度就成为这些机制健全、经济成熟国家的最优选择。

第四节 结 论

本章理论分析和经验研究的主要结论是：

（1）中间汇率制度在一定条件下确实能够长期存在并维持较高经济绩效。如果处于中间汇率制度的国家遭受经济冲击单一且规模较小，则基于自身利益最大化考虑的政策制定者不会对名义汇率水平进行大幅度贬值，此时，通货膨胀以及社会公众的通胀预期均较低，政策制定者与社会公众福利水平较高。此种条件下，中间汇率制度能够长期维持并获得较高经济绩效。

（2）中间汇率制度具有内在不稳定性，其内在根源是政策制定者与社会公众间目标存在差异性，外部诱因是经济遭受冲击的性质与强度，两者共同决定了中间汇率制度不稳定性的程度。

（3）随着一国经济的不断成熟，其目标差异性、经济冲击的性质和强度都不断发生变化，这会增加中间汇率制度的内在不稳定性并降低其经济绩效。表现为经济越发达，中间汇率制度的经济绩效越低，相应地采用中间汇率制度的国家不断减少，出现了经济发展和贸易开放的同时，汇率制度两极化被不断强化的特殊现象。

（4）最优汇率制度选择并不必然遵循由固定到中间，再到浮动的唯一路径。如果处于中间汇率制度的国家遭受的经济冲击单一且规模较小，则中间汇率制度能够长期维持并获得较高经济绩效；如果一国经济遭受冲击的多样性增加，强度增大，此时，中间汇率制度由于具有内在不稳定性已不再是政策制定者最优政策选择。那些处于中间汇率制度并缺乏可信承诺机制的国家在受到大规模经济冲击时，可以暂时退回到固定汇率制度，并利用盯住低通胀货币所获得的"名义锚"稳定预期从而稳定该国经济。如果政策制定者与公众之间目标差异的程度降低，即政策制定者通过各种约束机制重建低通胀货币政策的可信性时，中间汇率制度的灵活性便不再具有吸引力，固定汇率制度所提供的"名义锚"功能也不再必要，而迈向浮动汇率制度就成为这些机制健全、经济成熟、开放度较高国家的最优选择。

第七章　货币政策的国际协调

随着中国金融市场一体化进程的加快，中国经济与世界经济更加紧密结合在一起，世界经济将会对中国经济运行和政策制定产生巨大影响。首先，表现为经济冲击在国家间的传导速度加快，由于贸易和金融资本流动的便利化，对其他经济体的冲击也会对中国产生影响；其次，政策的溢出效应也在不断加大，一国货币政策不仅对本国经济产生影响，也会对其他经济体运行产生影响。因此，一国货币当局在制定本国货币政策时不仅要考虑本国经济运行状态和经济失衡的基本原因，同时还要考虑其他主要经济体经济的运行状态及其货币政策可能对中国经济所产生的影响。因而，在开放且金融市场一体化程度不断提高的中国，其货币政策制定面临着新问题：如利率趋同所导致的货币政策工具的有效性问题以及货币政策溢出效应问题。所以，一国在制定货币政策时是否需要与世界主要经济体的货币当局进行协调与合作，便从一个理论问题变为一个急需给予回答的现实问题。

本章的目标在于回答对中国这样一个金融市场一体化进程不断加快国家，在什么条件下需进行货币政策的国际协调，什么条件下仅关注其自身经济运行并相应地制定货币政策是最优的。

第一节　引　言

开放经济条件下，货币政策的运用涉及两个层次的政策协调（policy coordination），一是与国内其他政策工具的协调配合；二是与其他国家特别是经济大国的经济政策之间的协调配合。前者可以称为国内协调，后者称为国际协调。政策的国际协调是指本国货币政策与他国货币政策、财政政策、汇率政策及其他经济政策之间的协调运用。因为经济政策在国家间存在溢出效应（spill-over effect），并通过一定渠道和方式影响他国的经济政策，从而导致宏观经济政策丧失独立性，因此，各国会对其经济政策进行国际协调，以避免因他国政策的溢出效应给本国经济带来不利影响。

一　货币政策国际协调的第一代博弈论模型

布雷顿森林体系时代，芝加哥学派就将浮动汇率视为一种能够使国内就业隔离于国外经济冲击（包括外国货币政策）的一种方法。芝加哥学派认为：浮动汇率就可以解决所有问题，并且不需要中央银行对外汇市场进行干预以及对货币政策进行协调（Canzoneri，2005）。1973年，布雷顿森林体系下的固定汇率制度崩溃，许多国家选择了浮动汇率制度。但事实证明，浮动汇率并不能解决所有问题，甚至会加快并放大经济冲击在国家间的传导，导致宏观经济的波动性加大。Hamada（1974，1976，1979）、Oudiz和Sachs（1984）以及Canzoneri和Gray（1985）提出了用以刻画货币政策国际协调的第一代博弈论模型。

Hamada（1976）通过直接应用国际收支的货币方法来研究货币政策的相互依赖和战略特点并建立了一个多国博弈模型。在该模型中，各国货币当局通过调整货币政策以最大化其目标函数。货币政策的相互依赖表现为：一国所采取的特定货币政策效果依赖于其他国家的货币政策。在该框架中，Hamada试图解决一国对通胀和国际收支的偏好如何对世界通货膨胀率产生不同影响，并试图将其与公共物品理论的最新进展联系起来。

Oudiz和Sachs（1984）指出，货币政策国际协调的支持者要比实际执行这些政策的人多得多。1978年的波恩会议（Bonn Summit）是主要经济体采纳共同宏观经济政策包的主要例证。虽然政策协调的支持者认为从很多方面都能证明进行政策协调的必要性，但政策协调成功的例子很少。工业化国家在一些世界性经济萧条时期试图实行扩张性的政策，英国和瑞典曾试图通过这类政策度过1974年世界性经济萧条，虽然它们在短期内维持了GNP水平，但这些政策的长期结果却是大规模的国际收支赤字、货币贬值，最终导致政策发生剧烈的变化（英国于1976年事实上从IMF获得一笔稳定性贷款）。类似事件还包括1976—1978年美国扩张性的政策和法国总统密特朗在1981年所执行的政策。在这些例子中，外部约束在限制各国从扩张性政策中获益起到了重要作用。这些例子说明，单边的扩张性政策难以维持并且代价高昂，如导致通货膨胀和对外借债。政策协调的支持者指出各国害怕单边扩张性的政策，因为如果在所有政策制定者都执行扩张性政策条件下，各国仅会得到一个低水平的均衡。

Oudiz 和 Sachs（1984）认为，是否进行政策协调在于能否证明各国从协调性的宏观经济政策中获益（基于其自身的政策目标），而不是仅仅因为单边扩张是痛苦的便导致各国进行政策协调。更准确地讲，政策协调一定是基于经济结果在协调中获得帕累托改进。Canzoneri 和 Gray（1985）刻画了一个博弈，该博弈中的两个国家具有相似的结构并且都受到一个共同的外部冲击（如 1973 年石油价格的增加）。博弈的参与人是两国的货币当局，货币政策的溢出效应使货币政策的制定具有博弈的特点，亦即一国货币政策的行为会影响其他国家的产出。Canzoneri 和 Gray（1985）考察了该博弈非合作纳什解所具有无效率的本质，并同时分析了使博弈的结果优于纳什解的方法。

Canzoneri 和 Gray（1985）认为，在一个相互依存的世界中，一国理性的政策制定者希望以其他国家执行的政策为基础来制定自身的政策，即政策制定不可避免地具有博弈的性质。在缺少直接合作和单方支付（side-payments）情况下，这一博弈的结果对社会而言是无效率的，同时也存在其他政策，这些政策如果被实施，会使所有参与者的福利水平获得改善。遗憾的是，政策制定者通常有动力在这些帕累托改进的结果中欺骗其他参与者，因此，政治上独立的政策制定者似乎很难获得帕累托改进的结果。

弗兰克尔和罗基特（Frankel and Rockett, 1988）指出，国际政策协调是开放宏观经济学增长最快的领域，该问题的成功归因于博弈论的数理技术与 20 世纪 80 年代中期对国际上政策制定者来说首要的政策协调问题的结合。之前所有有关政策协调的文献都自动假设政策制定者对描述现实世界经济如何运行的真实模型是认同的，因此，这些论文都得到了一个强有力的结论，即总体来说，对政策进行协调的国家假定其他国家政策不变而独立制定自己政策的国家的福利会获得改善。到目前为止，有关货币政策国际协调的经验研究不如理论研究充分，但经验研究也证明政策协调的收益虽然小，但为正值。

二 货币政策国际协调的第二代新凯恩斯主义模型

奥布斯特费尔德和罗戈夫（2002）以及 Corsetti 和 Pesenti（2001）与其他经济学家提出了新一代的政策协调模型。新一代模型以新凯恩斯主义方法为基础，在模型中引入了家庭最优、厂商最优、垄断竞争以及名义价格黏性。

奥布斯特费尔德和罗戈夫（2002）利用此模型对货币政策协调的福利收益进行分析，研究表明，协调确实能够提高福利，但数量较小。但奥布斯特费尔德和罗戈夫（2002）具有两方面的特殊性，该特殊性会对货币政策协调的福利收益产生重要影响：第一，奥布斯特费尔德和罗戈夫（2002）将国内、国外商品的替代弹性严格限定为1，这一单位弹性决定了汇率变化所导致的产品需求在不同国家间变化的程度，并因而决定了货币政策的溢出效应；第二，奥布斯特费尔德和罗戈夫（2002）假定不存在国际金融市场，因此，经常账户在任何经济状态下都是平衡的，而这一特殊性也排除了货币政策具有溢出效应的潜在可能性。

当国内、国外产品的替代弹性不等于1时，金融市场的结构就成为一个十分重要的问题。在这种情况下，大规模贸易不平衡可能会产生，且金融市场的结构会对汇率波动产生重要的影响，并且会对货币政策溢出效应产生影响。Benigno（2001）建立了一个与奥布斯特费尔德和罗戈夫（2002）相似的模型，在该模型中，国内外产品具有非单位弹性，且金融市场的存在使消费的国际风险共担（risk sharing）成为可能。Benigno（2001）认为，政策协调能否带来收益取决于替代弹性。金融市场一体化对货币政策带来了两方面影响：第一，金融市场一体化使行为人可以获得消费的国际风险共担这一收益；第二，金融市场一体化降低了货币政策独立性，增大了货币政策溢出效应。

本章在第三章理论模型的基础上进行修正，使其更适于金融市场一体化条件下货币政策国际协调的分析，文中充分考虑到了国内、国外产品替代不为1且存在国际金融市场条件下货币政策的国际协调问题，使对该问题的分析不仅具有微观基础，同时也对货币政策国际协调的福利结果给予了明确的分析。

第二节 货币政策国际协调的理论分析

一 基本模型

本章在 Benigno（2001）、Corsetti 和 Pesenti（2001）、奥布斯特费尔德和罗戈夫（2002）的基础上构造了如下基本模型。为了分析的方便，模型为仅存在一期的两国模型，两国的行为人消费以本国和进口产品所组成的产品篮子。行为人的单期偏好函数为：

$$U(z) = E\left[\frac{\sigma}{\sigma-1}C(z)^{\frac{(\sigma-1)}{\sigma}} + \frac{\chi}{1-\varepsilon}\left(\frac{M}{P}\right)^{1-\varepsilon} - \frac{k}{\mu}N^{\mu}\right] \tag{7.1}$$

消费指数 C 为：

$$C = \left[\left(\frac{1}{2}\right)^{\frac{1}{\theta}}C_H^{\frac{\theta-1}{\theta}} + \left(\frac{1}{2}\right)^{\frac{1}{\theta}}C_F^{\frac{\theta-1}{\theta}}\right]^{\frac{\theta}{\theta-1}}, \theta \geq 1$$

$$C_H = \left[\int_0^1 c_H(h)^{\frac{\phi-1}{\phi}}dh\right]^{\frac{\phi}{\phi-1}}, C_F = \left[\int_0^1 c_F(f)^{\frac{\phi-1}{\phi}}df\right]^{\frac{\phi}{\phi-1}} \tag{7.2}$$

参数 θ 为国内、国外产品替代弹性，该参数是本章分析中的关键参数。

国内行为人对国内、国外生产产品的需求函数可由基本模型中式 (3.16) 得出：

$$c_H(h) = C_H\left(\frac{P_H(h)}{P_H}\right)^{-\phi}, c_F(f) = C_F\left(\frac{p_F(f)}{P_F}\right)^{-\phi}$$

$$C_H = \frac{1}{2}C\left(\frac{P_H}{P}\right)^{-\theta}, C_F = \frac{1}{2}C\left(\frac{P_F}{P}\right)^{-\theta} \tag{7.3}$$

国外行为人对其国内、国外生产产品的需求函数也可由基本模型中式 (3.16) 得出：

$$c_H^*(h) = C_H^*\left(\frac{P_H^*(h)}{P_H^*}\right)^{-\phi}, c_F^*(f) = C_F^*\left(\frac{p_F^*(f)}{P_F^*}\right)^{-\phi}$$

$$C_H^* = \frac{1}{2}C^*\left(\frac{P_H^*}{P^*}\right)^{-\theta}, C_F^* = \frac{1}{2}C^*\left(\frac{P_F^*}{P^*}\right)^{-\theta} \tag{7.4}$$

本国的总产出为 Y，并定义为：

$$Y = C_H + C_H^* \tag{7.5}$$

C_H^* 为外国对本国产品的总需求。

货币需求为：

$$\frac{M}{P} = \left[\frac{\chi}{C^{-1/\sigma}}\left(\frac{1+i}{i}\right)\right]^{1/\varepsilon} \tag{7.6}$$

二 基于金融市场一体化条件下的模型扩展

如果不存在金融市场，则经常账户在任何情况下都会保持平衡，即：

$$P_H C_H^* = P_F C_F \tag{7.7}$$

$P_H C_H^*$ 为出口至国外商品的本币价值，$P_F C_F$ 为该国进口商品的本币价值。

如果存在金融市场且金融市场实现完全一体化，则行为人就有充足的金融工具对消费风险进行风险共担，即下面等式成立：

$$\frac{C^{\frac{1}{\sigma}}}{C^{*\frac{1}{\sigma}}} = \frac{P}{SP^*} \tag{7.8}$$

在浮动汇率下，可假定购买力平价（PPP）成立，则最有效的风险共担使式（7.8）退化为 $C = C^*$。

通过研究两国的货币政策、汇率和产出之间的关系可以对基本模型的含义做出更为充分的了解。为达到这一目标，可以首先对上面的基本模型进行对数线性化。

$$\hat{P}_H = \hat{P}_F^* = 0 + \varepsilon \tag{7.9}$$

式（7.9）表明，两国产品价格对其非随机稳态值的偏离为 0，又由于购买力平价（PPP）的成立，对 PPP 对数线性化并利用式（7.9），可得：

$$\hat{P} = \frac{1}{2}\hat{S} + \varepsilon, \quad \hat{P}^* = -\frac{1}{2}\hat{S} + \varepsilon \tag{7.10}$$

两国总产出水平是由世界总消费水平和汇率决定的，这一点可通过对数线性化式（7.3）并结合式（7.10）得出：

$$\hat{Y} = \frac{1}{2}(\hat{C} + \hat{C}^*) + \frac{\theta}{2}\hat{S} + \varepsilon$$

$$\hat{Y}^* = \frac{1}{2}(\hat{C} + \hat{C}^*) - \frac{\theta}{2}\hat{S} + \varepsilon \tag{7.11}$$

式（7.11）中的汇率项代表了汇率的支出转换效应，本币的贬值提高了对本国产品的需求并降低了对国外产品的需求，汇率的支出转换效应的大小取决于国内外产品的替代弹性 θ。无论金融市场的结构如何，上述方程均成立。

将货币需求函数式（7.6）对数线性化并结合式（7.10），可得：

$$\hat{C} = \hat{M} + \frac{1}{2}\hat{S} + \varepsilon, \quad \hat{C}^* = \hat{M}^* - \frac{1}{2}\hat{S} + \varepsilon \tag{7.12}$$

$$\hat{C} + \hat{C}^* = \hat{M} + \hat{M}^* + \varepsilon \tag{7.13}$$

从式（7.13）可以看出，世界总消费由两国货币政策共同决定。

金融市场的结构对汇率水平的决定起到至关重要的作用，在没有金融市场的情况下，经常账户在任何情况下都是平衡的，利用如下关系：

$$P = \left[\frac{1}{2}P_H^{1-\theta} + \frac{1}{2}P_F^{1-\theta}\right]^{\frac{1}{1-\theta}} \quad (7.14)$$

$$C_H = \frac{1}{2}C\left(\frac{P_H}{P}\right)^{-\theta}, \quad C_F = \frac{1}{2}C\left(\frac{P_F}{P}\right)^{-\theta} \quad (7.3)$$

$$P_H C_H^* = P_F C_F \quad (7.7)$$

可得：

$$\hat{S} = \frac{1}{\theta - 1}(\hat{C} - \hat{C}^*) + \varepsilon \quad (7.15)$$

从上式可以得出，当国内消费超过国外消费，则汇率会发生贬值以维持经常账户平衡。将式（7.15）与总消费相结合，可得：

$$\hat{S} = \frac{1}{\theta}(\hat{M} - \hat{M}^*) + \varepsilon \quad (7.16)$$

从上式可以看出汇率的波动取决于两国货币的相对供给。

当存在金融市场时，则行为人就有充足的金融工具对消费风险进行风险共担，即式（7.8）成立，将其对数线性化，可得：

$$\hat{S} = \hat{C} + \hat{P} - \hat{C}^* - \hat{P}^* \quad (7.17)$$

结合式（7.15），可得：

$$\hat{S} = \hat{M} - \hat{M}^* \quad (7.18)$$

存在金融市场条件下，汇率仍然取决于两国的相对货币供给量，但汇率波动对两国的货币政策更为敏感。

当将汇率的表达式与总消费和总产出表达式相结合，可得在金融市场封闭条件下的产出为：

$$\hat{Y} = \hat{M} + \varepsilon, \quad \hat{Y}^* = \hat{M}^* + \varepsilon \quad (7.19)$$

在金融市场一体化条件下的产出为：

$$\hat{Y} = \frac{1+\theta}{2}\hat{M} + \frac{1-\theta}{2}\hat{M}^* + \varepsilon, \quad \hat{Y}^* = \frac{1+\theta}{2}\hat{M}^* + \frac{1-\theta}{2}\hat{M} + \varepsilon \quad (7.20)$$

从上述表达式中可以看出，在金融市场完全封闭条件下，货币政策对外没有溢出效应，即国内货币政策的变化只影响国内产出，国外亦然。这是因为货币政策对世界总需求的影响被汇率的支出转换效应完全抵消了。但在风险共担条件下，货币政策存在溢出效应，货币政策对汇率的影响更大。因此，汇率的支出转换效应要超过货币政策对世界总需求的影响，因而，国内货币供给的增加会导致本国产出的增加而降低国外产出。

三 金融市场一体化条件下货币政策国际协调分析的关键方程

上面分析所得出的诸多关系中，以下 4 个方程是我们进行货币政策国际协调分析的关键方程，利用它们可将各国行为人的效用函数转换为以货币政策分析为中心的方程。

$$\hat{C} = \hat{M} + \frac{1}{2}\hat{S} + \varepsilon, \quad \hat{C}^* = \hat{M}^* - \frac{1}{2}\hat{S} + \varepsilon \tag{7.12}$$

$$\hat{C} + \hat{C}^* = \hat{M} + \hat{M}^* + \varepsilon \tag{7.13}$$

$$\hat{S} = \hat{M} - \hat{M}^* \tag{7.18}$$

$$\hat{Y} = \frac{1+\theta}{2}\hat{M} + \frac{1-\theta}{2}\hat{M}^* + \varepsilon, \quad \hat{Y}^* = \frac{1+\theta}{2}\hat{M}^* + \frac{1-\theta}{2}\hat{M} + \varepsilon \tag{7.20}$$

四 货币政策的国际协调

使用新凯恩斯主义模型最大的便利在于可以利用行为人的效用函数作为福利的最恰当度量工具。奥布斯特费尔德和罗戈夫（2002）认为，实际货币余额给行为人带来的效用较小以至于可以忽略不计，因此，为了简化计算，行为人的效用函数可以表示如下：

$$U = E\left[\frac{\sigma}{\sigma-1}C^{\frac{(\sigma-1)}{\sigma}} - KY\right] \tag{7.21}$$

由于只有在极个别的情况下才能获得福利精确表达，因此，可利用二阶近似的方法在稳态附近对(7.21)进行二次近似表达：

$$\tilde{U} = E\left\{\hat{C} - \hat{Y} + \frac{1}{2}\left(1 - \frac{1}{\sigma}\right)\hat{C}^2 - \frac{1}{2}(\hat{Y}+\hat{K})^2\right\} + \varepsilon \tag{7.22}$$

$\tilde{U}$ 为行为人福利相对于其均衡水平的偏离值，ε 为高阶无穷小。

同理，国外行为人的福利函数为：

$$\tilde{U}^* = E\left\{C^* - Y^* + \frac{1}{2}\left(1 - \frac{1}{\sigma}\right)C^{*2} - \frac{1}{2}(Y^* + K^*)^2\right\} + \varepsilon \tag{7.23}$$

如果两国货币当局之间不存在协调机制，即各自制定最优货币政策，则最优货币政策为：

$$\hat{M} = \frac{1-\theta^2}{(1+\theta)^2}\hat{M}^* - \frac{2}{1+\theta}\hat{K} + \frac{4-2\theta}{1+\theta^2}$$

$$\hat{M}^* = \frac{1-\theta^2}{(1+\theta)^2}\hat{M} - \frac{2}{1+\theta}\hat{K}^* + \frac{4-2\theta}{1+\theta^2} \tag{7.24}$$

从上面非协调的最优货币政策可以得出，一国货币政策不仅依赖于本国所遭受冲击的性质，还依赖其他货币当局所制定的货币政策，并且当 $\theta>1$ 的条件下，其他货币当局的货币政策还会影响本国所制定货币政策实际效果，即货币政策存在溢出效应。因此，如果不存在货币政策国际协调的机制，各国分别制定最优货币政策会因各国货币政策的相互干扰而导致各国并不能达到各自福利的最大化。在上述条件下，对货币政策进行国际协调会提高各国货币政策的有效性，并因而提高各国的福利水平。

五　小结

全球经济一体化导致各国经济的相互依存度不断增加，这是导致货币政策国际协调会带来收益的潜在原因。全球经济一体化的一个重要方面就是国际金融市场的不断成熟，因此，不断有理论提出，不断增强的国际金融市场一体化使货币政策的国际协调能带来收益（Sutherland，2004）。

当货币政策在国际上存在溢出效应时，货币政策国际协调会带来收益。在分析货币政策的溢出效应时需考虑金融市场结构是有原因的：第一，开放经济条件下，货币政策的效果取决于货币政策对名义汇率影响的程度，而国际金融市场的结构会对其产生重要影响；第二，国际金融市场使行为人在不同国家分散国别风险中起到了重要作用。

而国际金融市场的上述作用一定程度依赖不同国家生产产品的可替代性。各国间商品的可替代性（替代弹性）之所以重要，有以下两个原因：第一，替代弹性决定了汇率变化所带来的"支出转换效应"的强度，并因此决定货币如何对不同国家的商品需求产生的影响，这是金融市场将一国货币政策的影响传递至其他国家的重要渠道。第二，替代弹性会改变非对称收入冲击的影响程度，如果替代弹性为1，则相对价格会被产量变化所抵消，非对称收入冲击的影响因而较小，金融市场也相对不那么重要了，但是，如果替代弹性不为1，非对称收入冲击的影响会大大增加，金融市场的风险共担作用也变得十分重要了。

从上面分析可以得出，金融市场一体化使各国行为人能够进行"风险共担"的同时，也使货币政策在国际上具有溢出效应，并且，如果各国间产品的替代弹性大于1，货币政策的溢出效应会大大增加，此时，各国进行货币政策的国际协调会提高其货币政策有效性和效果，并因而提高各国的福利水平。

本章接下来将对中国产品与美国产品的替代弹性以及中国金融市场一体化的程度进行分析，以得出中国在进行货币政策国际协调时需注意的问题。

第三节　中国与美国间产品替代弹性的经验研究

一　阿明顿弹性的含义及其数学表达

阿明顿（1969）假设，每个国家都是其出口商品的唯一生产者。每个国家的消费者都采用两阶段的预算步骤来决定对进口商品的需求。第一阶段，消费者只考虑进口商品的支出额；第二阶段，消费者确定如何在消费从不同国家进口的商品上分配总支出。这个过程使得进口需求函数采用CES形式的函数，其不变替代弹性可以用来描述一个变量对另一变量变化的反应。如一国货币政策（通过汇率的变动）改变了进口商品相对于国内商品的价格时，模型就可以分析进口商品和国内商品之间的替代程度，这种替代程度被定义为阿明顿弹性。

阿明顿弹性是一种重要参数，根据新凯恩斯主义模型的建模特点，该参数可以如下方式获得。

假定行为人的消费篮子采用前文形式：

$$C = [\beta C_H^{\frac{\theta-1}{\theta}} + (1-\beta) C_F^{\frac{\theta-1}{\theta}}]^{\frac{\theta}{\theta-1}} \qquad (7.25)$$

其中，C 为行为人的消费篮子，C_H 为消费国内生产产品的数量，C_F 为消费进口品数量，β 为行为人在国内外产品间的分配份额，θ 为阿明顿弹性。

由行为人最优分配支出下边际替代率相等的条件，可得：

$$\frac{C_H}{C_F} = \left(\frac{\beta}{1-\beta} \cdot \frac{P_H}{P_F}\right)^{\theta} \qquad (7.26)$$

对式（6.26）两边取对数，可得：

$$\ln \frac{C_H}{C_F} = \theta \ln\left(\frac{\beta}{1-\beta}\right) + \theta \ln \frac{P_H}{P_F} \qquad (7.27)$$

通过对式（7.27）的估计，可以得出阿明顿弹性 θ 的值。

二　阿明顿弹性的估计

（一）数据说明

要对（7.27）进行估计，需要的数据为中国进口美国商品的数量、中国消费本国产品的数量、中国和美国生产产品的价格指数。

通过《中国统计年鉴》可得1985—2006年中国进口美国商品总值的

年度数据,并且通过中经网统计数据库可得美国以 2000 年为基期消费价格指数(CPI),并可将其转换为以 1985 年为基期的 CPI,两者相除,可得中国从美国进口商品数量 C_F 的近似值。

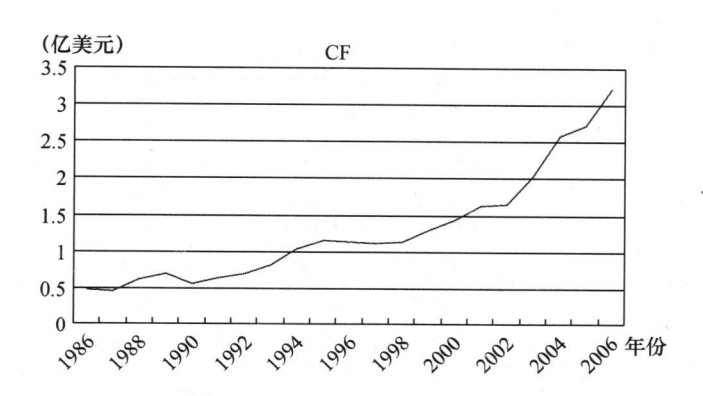

图 7-1　中国从美国进口产品数量

通过中经网统计数据库可得中国 1986—2006 年 GDP、存货投资增加量、资本形成、出口总额和财政预算或赤字,GDP 与这些量相减可得中国消费本国产品总额,并除以中国同期消费价格指数可得中国消费本国产品数量 C_H 近似值。

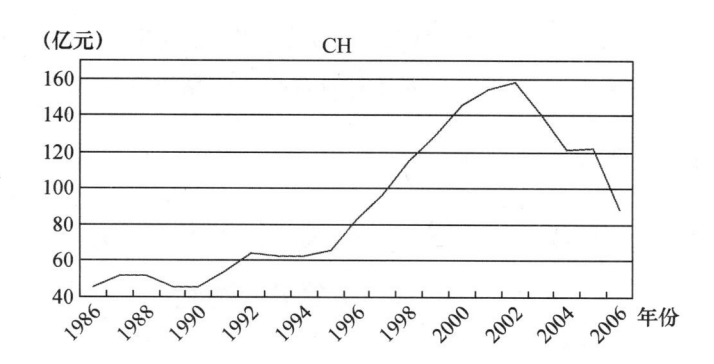

图 7-2　中国消费本国产品数量

P_H 为中国同期消费价格指数,P_F 为美国同期消费价格指数乘以同期汇率。

(二) 阿明顿弹性的估计

通过上述 C_F、C_H、P_F、P_H，并令 $Y = C_H/C_F$，$X = P_H/P_F$，可对阿明顿弹性做出估计，其结果如表 7-1 所示。

表 7-1　　　　　　阿明顿弹性的估计结果

Dependent Variable：Y				
Sample（adjusted）：1987 2006				
Explanatory Variables	Coefficient	Std. Error	t-Statistic	Prob.
C	2.522456	0.418118	6.032887	0.0000
X	-1.089663	0.186153	-5.853574	0.0000
AR (1)	0.749217	0.196877	3.805499	0.0016
MA (1)	0.941282	0.037839	24.87606	0.0000
R - squared	0.818174	Mean dependent var	4.304907	
Adjusted R - squared	0.784082	S. D. dependent var	0.345491	
S. E. of regression	0.160539	Akaike info criterion	-0.643702	
Sum squared resid	0.412365	Schwarz criterion	-0.444555	
Log likelihood	10.43702	Hannan-Quinn criter.	-0.604826	
F-statistic	23.99876	Durbin-Watson stat	2.005376	
Prob (F-statistic)	0.000004			

从上面估计结果可以看出，中国与美国间产品的阿明顿弹性为负且显著，因此，中国从美国进口的产品与中国生产的产品以互补品为主，其替代性还不明显。

第四节　中国与美国间金融市场一体化的经验研究

一　金融市场一体化程度的度量方法

对国际金融市场一体化进行度量的困难之一就是目前还没有被理论界广泛接受的度量方法，其中，最具影响的三种方法为：对利率平价的背离、储蓄率和投资率相关性以及国家间消费增长的相关性。

(一) 对利率平价的背离

传统上，利率平价条件被用于描述国际金融市场一体化程度。由于利率平价条件关注于各种金融资产的收益，因此，该方法（利率平价条件）与检验金融一体化的价格方法一致（Feldman，1986）。

加拿大银行（Boothe，1985；Caramazza，1986）和美联储纽约分行（Akhtar and Weiller，1987；Reinhart and Weiller，1987）最早对国际利率平价条件和国际金融市场一体化进行研究，表7-2对各种国际利率平价条件进行了总结。

表7-2 国际利率平价条件

	国内（在岸）金融市场	欧洲（离岸）金融市场	外国（在岸）金融市场
1		$i = i^{*Euro} + (f-s)$	
2		$i^{Euro} = i^{*Euro} + (Es-s)$	
3		$i = i^{Euro}$ $i^{*Euro} = i^{*}$	
4		$i = i^{*Euro} + (f-s)$ $i^{Euro} - (f-s) = i^{*}$	
5		$i = i^{*} + (f-s)$	
6		$i = i^{*} + (Es-s)$	
7		$Er = Er^{*}$	

说明：i是国内债券的利率，i^{Euro}是以本国货币计价但在国外金融市场上交易的债券的利率，i^{*Euro}是以外国货币计价且在国外金融市场上交易的债券的利率，i^{*}是外国货币的利率，$Er = i - (Ep - p)$是国内债券的实际利率，f是远期汇率，s是即期汇率，$f-s$是外币远期升水（贴水），$Es-s$是预期即期汇率的变化，汇率采用直接标价法（即1单位外币所能兑换本币的数量）。

资料来源：赫林和利坦（Herring and Litan，1995）。

弗兰克尔（1992）对利率平价条件做出进一步解释并量化金融市场一体化程度。弗兰克尔称非抛补名义利率差异为资本流动性的"真正标准"。如果不存在资本管制和/或其他法律、规章与制度上的障碍妨碍资本跨国流动，则由于套利的存在，即使有交易成本，UIP差异也不能长期存在。弗兰克尔和麦克阿瑟（MacArthur，1988）通过计算OECD国家和美国之间在岸CIP、UIP和RIP的偏离情况，量化了这两个经济体之间金融市场一体化的程度。

(二) 投资率与储蓄率的相关性

Feldstein和Horioka（1980）提出，从国民收入核算中可以推算出国际金融市场一体化的程度,该方法被简称为F—H标准。通过考察储蓄率和投资率的相关性,F—H能够计算出OECD国家金融市场一体化的程度。F—H假定一国储蓄和投资的变化会导致其经常账户发生变化,因此,经常账户就等价于一国储蓄减去国内投资。在一个完全一体化的金融市场中,经常账户赤字(盈余)会被相同数量的资本流入(流出)加以平衡,且一国的储蓄决策与投资决策是分开的。因此,投资率与储蓄率较低的相关性便意味着较高程度的国际金融市场一体化。因此,该方法关注于资本流动的数量,费尔德曼(Feldman,1986)认为,基于F—H标准对国际金融市场一体化进行检验的方法与金融市场一体化的数量方法一致。

使用16个OECD国家1960—1974年储蓄率和投资率的年度数据,F—H对下面的方程进行了OLS估计。

$$\frac{I}{Y} = \alpha + \beta \frac{S}{Y} + \varepsilon \tag{7.28}$$

金融市场完全一体化为"零假设",在该假设下,小国的 β 值为0,而大国的 β 值趋近于其占世界资本存量份额,F—H估计1960—1974年 β 值为0.887(标准差为0.074)。基于此,F—H认为这一 β 值与1960—1974年OECD国家之间金融市场一体化程度较低相一致。费尔德斯坦(Feldstein,1983)再次证明了F—H的发现,即储蓄率在不同国家间存在差异与各国投资率存在差异有关。许多经济学家也用不同的样本和估计方法得出了同样的结论。

(三)国家间消费增长的相关性

跨国资本流动所带来的可预期收益为消费平滑和风险多样化,跨国资本流动的程度使一国能够在时间路径上平滑其消费,即奥布斯特费尔德(1986,1989)提出的对国际金融市场一体化的欧拉方程检验法。国际金融市场一体化使各国居民能够利用相同的金融工具,这会产生对各国消费增长率协动性可检测的约束。开放的资本市场为各国提供了更广阔的资源和更具营利性的投资机会,并因此提高和平滑消费。Bayoumi 和 MacDonald(1995)提出,基于欧拉方程约束的消费增长率相关性检验由于比F—H标准具有更强的理论基础,因而更具吸引力。此外,奥布斯特费尔德的欧拉方程检验并不需要对不同资产收益率进行比较,这是因为该方法使用的是非金融数据(消费数据)。大量的经验证据表明消费增长率并不是高度相关的，这就意味着国际金融市场不是高度一体化的。Lemmen 和 Eijffinger（1998）发现，1979—1992 年欧盟国家间金融一体化的程度在提高。虽然一些文章利用国家间消费增长相关性来检验国际金融市场一体化，但 Lemmen 和 Eijffinger 十分怀疑用该方法检验国际金融市场一体化的有效性，该检测方法十分棘手且其许多假设也过于强。对完全国际金融市场一体化"零假设"的拒绝可能是由于其基本假设（市场是完全的、加总问题、经济一体化、相同的时间偏好率和相对风险规避系数），这还没有考虑经济计量方面可能存在的问题。但好的方面是，欧拉方程检验能够为其他国际金融市场一体化的检验方法提供新的信息。

国际风险共担及其潜在的风险收益无论理论上还是经验上都是有益的发展。通过开放资本市场，企业和家庭可以分散其异质性的国别风险。最优的国际资产组合意味着投资者完全共担异质性的国别风险。在这种资产配置情况下，一国国内私人消费仅受未被保险的全球性冲击影响。然而，大量证据表明，大多数投资者将其大部分财富保留在国内，而没有将其投资于国外以多样化其资产组合。这暗含着从国际风险多样化所获的收益仍是较少的。如果收益较少，则在全球持有多样化的资产组合是不值得的。相比较而言，Wincoop（1994）提出，在各种偏好形式下，大量国际风险共担所带来的收益未被研究。奥布斯特费尔德（1994）对 9 个 OECD 国家完全风险共担进行了检验，估计方程如下：

$$\Delta \log C_t^i = \alpha + \beta \Delta \log C_t^W + \varepsilon \tag{7.29}$$

在没有全球性的偏好冲击下，方程中系数的估计是一致的。如果能够进行完全风险共担，系数 β 的值应为 1。C_t^i 代表 i 国人均私人消费水平，C_t^W 代表世界人均消费水平，ε 为误差项。在奥布斯特费尔德估计的许多方程中，系数 β 为正但小于 1，这就蕴含着只存在部分风险共担。然而，刘易斯（Lewis，1996）提出，在对消费的可贸易性和持久性（durability）进行控制之后，有大量的证据支持在工业化国家间存在消费的风险共担。

二　对中国金融市场一体化的检验

（一）非抛补利率平价在我国的经验验证

如果一国的金融市场与国外金融市场紧密联系在一起，则利率的变化会引起汇率剧烈变化以弥补两国的利率差，即汇率的变化率与两国利率的差异存在一种此消彼长的关系，因此，如果汇率的变化率与两国利率差之和为一平稳的时间序列，则两国的金融市场是完全一体化的。

通过中经网统计数据库可得美国联邦基金利率1996年1月至2007年12月的月度数据（IF）、中国银行间同业拆借利率1996年1月至2007年12月的月度数据（IH）和人民币汇率1996年1月至2007年12月的月度数据（EX）。令 q = IH – IF – EX，并对时间序列 q 做 ADF 检验以对 q 是否具有单位根做出判断。

表7–3　时间序列 q 的单位根检验（1996年1月至2007年12月）

Null Hypothesis：q has a unit root			
Sample：1996.01 – 2007.12			
		t-Statistic	Prob.
Augmented Dickey-Fuller test statistic		– 2.325669	0.1654
Test critical values	1% level	– 3.476472	
	5% level	– 2.881685	
	10% level	– 2.577591	

从表7–3结果可以看出，时间序列 q 无论在1%、5%还是10%的显著性水平上均不显著，因此，时间序列 q 在1996年1月至2007年12月期间为一非平稳时间序列。但将时间序列 q 的期间逐步后推并进行单位根检验发现，从2005年9月开始，时间序列 q 为一平稳时间序列，ADF 检验结果如表7–4所示。

表7–4　时间序列 q 的单位根检验（2005年9月至2007年12月）

Null Hypothesis：q has a unit root			
Sample：2005.09 – 2007.12			
		t-Statistic	Prob.
Augmented Dickey-Fuller test statistic		– 3.414451	0.0190
Test critical values	1% level	– 3.689194	
	5% level	– 2.971853	
	10% level	– 2.625121	

表7–4的检验结果表明，从2005年9月开始，中国与美国金融市场间的非抛补利率平价是成立的，亦即中国与美国金融市场的一体化程度提高了。需要注意的是，由于本书选取的利率为两国短期金融市场上金融资

产的价格变动,因此,上述估计结果只能说明中国与美国间短期金融市场一体化程度提高了,并不能说明两国行为人由于金融市场一体化而能够更为便捷地利用国际金融市场进行消费的风险共担,从而提高行为人的福利水平。

(二)中国投资率与储蓄率相关系数

通过中经网统计数据库可得我国 1978—2005 年 GDP(Y)、投资(I)以及储蓄(S)相关数据,并令 invest = I/Y,saving = S/Y。

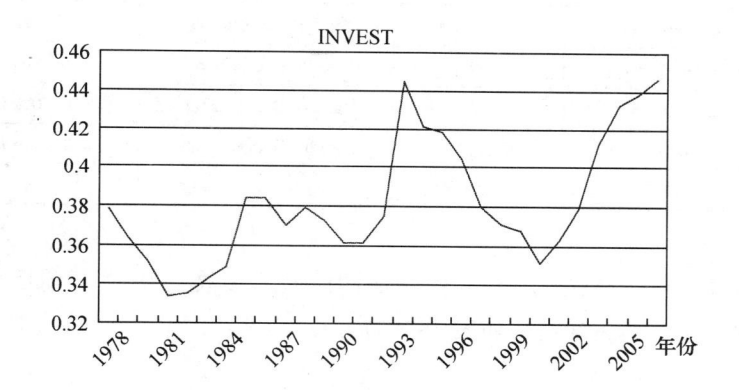

图 7-3 中国的投资率(1978—2005 年)

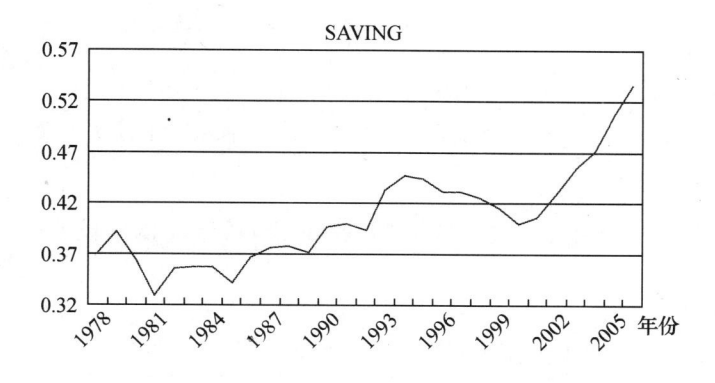

图 7-4 中国的储蓄率(1978—2005 年)

利用图 7-3 和图 7-4 中数据对式(7-28)进行估计,其结果如下:

表7-5　　中国投资率与储蓄率相关系数（1978—2005年）

Dependent Variable：INVEST			
Sample（adjusted）：1978 2006			
Explanatory Variables	Coefficient	Std. Error	t-Statistic	Prob.
C	0.155136	0.029903	5.188039	0.0000
SAVING	0.557256	0.073052	7.628200	0.0000
R-squared	0.683059	Mean dependent var	0.381708
Adjusted R-squared	0.671321	S. D. dependent var	0.032488
S. E. of regression	0.018625	Akaike info criterion	-5.062118
Sum squared resid	0.009366	Schwarz criterion	-4.967822
Log likelihood	75.40072	Hannan-Quinn criter.	-5.032586
F-statistic	58.18943	Durbin-Watson stat	0.971193
Prob（F-statistic）	0.000000		

通过邹至庄检验，发现上面所估计模型的参数在1997年前后发生了结构性变化，其估计结果如表7-6所示。

表7-6　　　　　　　　邹至庄检验

Chow Breakpoint Test：1997			
Equation Sample：1978 2006			
F-statistic	5.714921	Prob. F (2, 25)	0.0090
Log likelihood ratio	10.91886	Prob. Chi-Square (2)	0.0043
Wald Statistic	11.42984	Prob. Chi-Square (2)	0.0033

基于表7-6中的检验结果，将1978—1996年中国的投资储蓄相关系数进行估计，其结果如表7-7所示。

表7-7　　中国投资率与储蓄率相关系数（1978—1996年）

Dependent Variable：INVEST			
Sample（adjusted）：1978 1996			
Explanatory Variables	Coefficient	Std. Error	t-Statistic	Prob.
C	0.102101	0.047970	2.128415	0.0482
SAVING	0.709708	0.124177	5.715273	0.0000

续表

Dependent Variable: INVEST			
Sample (adjusted): 1978 1996			
Explanatory Variables	Coefficient	Std. Error	t-Statistic	Prob.
---	---	---	---	---
R-squared	0.657702	Mean dependent var	0.375239	
Adjusted R-squared	0.637567	S.D. dependent var	0.030013	
S.E. of regression	0.018069	Akaike info criterion	-5.089986	
Sum squared resid	0.005550	Schwarz criterion	-4.990571	
Log likelihood	50.35486	Hannan-Quinn criter.	-5.073161	
F-statistic	32.66435	Durbin-Watson stat	1.455599	
Prob (F-statistic)	0.000025			

对比表7-5和表7-7中的估计结果发现：1997年前，中国投资储蓄的相关系数为0.70，但1978—2006年的投资相关系数为0.557，可见，中国投资储蓄相关系数在1997年后下降了。因此，从1997年开始，中国金融市场一体化进程加快了，中国的企业和居民在做投资和储蓄决策时可以更多利用国际金融市场进行投资和融资，但是，必须注意的是，中国金融市场一体化的程度还比较低（投资储蓄相关系数较大），中国企业和居民利用国际金融市场进行投资和融资的数量还较少。

（三）中国与美国消费增长的相关系数

通过中经网统计数据库可得中国1978—2005年的总消费、消费价格指数、总人口以及美国同时期的总消费、GDP平减指数等数据，并且通过美国人口普查局（U.S. Census Bureau）可得美国1978—2005年总人口数据。通过对上面数据的计算可得中国、美国人均实际消费及其增长率，利用如上数据可对（7.29）进行估计，其结果如表7-8所示。

表7-8　　　　　　　中国与美国消费增长相关系数

Dependent Variable: DELTACON_CHINA				
Sample (adjusted): 1979 2006				
Explanatory Variables	Coefficient	Std. Error	t-Statistic	Prob.
C	0.083209	0.006297	13.21439	0.0000
DELTACON_USA	-0.208949	0.202480	-1.031949	0.3116

续表

Dependent Variable: DELTACON_ CHINA			
Sample（adjusted）: 1979 2006			
Explanatory Variables	Coefficient	Std. Error	t-Statistic	Prob.
R-squared	0.039347	Mean dependent var	0.086145
Adjusted R-squared	0.002399	S. D. dependent var	0.029760
S. E. of regression	0.029724	Akaike info criterion	−4.124987
Sum squared resid	0.022971	Schwarz criterion	−4.029830
Log likelihood	59.74982	Hannan-Quinn criter.	−4.095897
F-statistic	1.064919	Durbin-Watson stat	1.091266
Prob（F-statistic）	0.311600		

从表 7-8 中的估计结果可以看出，中国与美国消费增长之间的相关关系不显著，即中国消费增长与美国消费增长是相互独立的。这一估计结果的经济含义为，虽然金融市场一体化检验方法认为中国的金融市场一体化程度在提高，但中国消费者利用国际金融市场进行风险共担和平滑消费的工具和能力有限。基于此，本书认为，中国金融市场一体化的程度还较低。

第五节 结 论

经济全球化和金融市场一体化使世界各经济体之间的联系更加紧密，这一方面表现为经济冲击在各经济体间传导速度加快，并借助金融市场放大冲击对经济的影响；另一方面，货币政策不仅对本国经济产生影响，同时也会对其他经济体产生影响。当各国货币当局的政策行为相互影响时，货币政策的国际协调就成为一个至关重要的问题。

本章通过新凯恩斯主义模型分析并发现，金融市场一体化使各国行为人能够便捷地利用国际金融市场上的各种金融工具分散风险，即所谓的"风险共担"，这能够使行为人平滑消费，并因此提高行为人的福利水平。但是，金融市场一体化也使各国货币政策的"溢出效应"大大增加，这增加了货币政策传导机制的复杂性，并降低了货币政策的有效性。理论分析发现，各国商品的替代弹性是决定货币政策"溢出效应"的重要因素，如果各国商品的替代弹性大于1，货币政策的"溢出效应"较大，此时，各国货币当局之间就货币政策进行国际协调会提高其货币政策有效性和效果，并因而提高各国福利水平。

本章通过对中国与美国间产品的阿明顿弹性的估计发现，中国从美国进口的产品与中国所生产的产品以互补品为主，其替代性还不明显。因此，即使中国与美国的金融市场实现一体化，两国货币政策的溢出效应也不明显，货币政策进行国际协调的收益也不大。本章利用三种方法对中国与美国之间金融市场一体化的程度进行检验并发现，虽然中国金融市场一体化进程在不断加快，但总体上，中国与美国间金融市场一体化程度还比较低。

综上所述，货币政策的国际协调目前还不是中国货币当局在制定货币政策时需重点考虑的问题，但是，随着中国金融市场一体化进程的不断加快以及中美之间贸易结构的变化（产品的替代性增强），两国货币政策的溢出效应会不断增强，货币政策的国际协调最终将成为两国货币当局不得不认真考虑的问题。

第八章 主要结论及政策含义

本章对本书的主要结论进行梳理和总结,并给出相应的政策含义。同时,也对本书的不足以及未来可能的研究方向进行分析。

第一节 主要结论

一 新凯恩斯主义模型及其在中国的适用性

新凯恩斯主义动态随机一般均衡模型由于引入了垄断竞争、名义黏性和理性预期,使得模型与实际经济的运行方式更为接近并能更好描述宏观经济的运行。无论商品市场还是要素市场,垄断竞争都是这种新模型的一个重要因素。首先,相对于完全竞争,该模型可以明确分析垄断市场中的定价行为;其次,由于均衡的垄断价格高于边际成本,所以在一定范围内调整产量不会损害利润收益,这样短期内产出水平就由需求完全决定;最后,市场中垄断的存在使经济中均衡产出水平低于社会最优产出水平,这样采取有效的货币或财政政策就有可能削弱这种扭曲程度,从而提高社会的福利水平。另外,由于新凯恩斯主义模型具有微观基础,使得对宏观经济政策的福利效果进行明确分析成为可能。名义黏性和市场不完全的引入改变了外部经济冲击的传导机制,重新确定了宏观经济政策的重要地位。因此,这种方法成为目前宏观经济学重要的研究方法。

随着中国经济融入世界经济体系速度的不断加快,提供一个开放条件下且考虑金融市场一体化进程的宏观经济模型对于中国宏观经济政策的分析与制定具有重大理论意义和现实意义。本书通过理论分析和经验验证并发现,书中提出的具有微观基础、垄断竞争、价格黏性和理性预期,并考虑了金融市场一体化进程的新凯恩斯主义模型较好地描述了中国宏观经济的基本运行方式,能够作为一个理论框架应用于中国宏观经济政策的分析。

通过对本书新凯恩斯主义模型的分析发现，引入金融市场一体化并没有改变家庭的最优货币需求和最优劳动力供给，消费的欧拉方程也与奥布斯特费尔德和罗戈夫（1995）的结论相似，金融市场不完全一体化主要对家庭如何将其财富在国内、国外债券间进行分配产生了影响，即非套补利率平价（UIP）在金融市场不完全一体化条件下不再成立。同时，通过对基本模型的数值模拟发现：随着金融市场一体化程度的提高，非对称货币冲击对利率的影响在降低，但增大了名义和实际汇率的短期波动性，并且一体化的金融市场增大了产出的波动性，降低了消费的波动性，因为一体化的金融市场为行为人提供了更多机会进行消费平滑。

二 关于金融市场一体化进程中最优货币政策规则的结论

由于新凯恩斯主义模型中的行为人具有理性预期，使得货币当局任何利用扩张性货币政策以刺激经济的政策意图均会被社会公众认识到，因此，扩张性货币政策只能导致通货膨胀被系统提高，而产出未被系统提高。在金融市场一体化程度不断提高的过程中，社会公众不仅具有理性预期，而且将拥有越来越多的市场工具以避免扩张性货币政策对自身利益的损害，如可以迅速且低成本地将财富在本、外币资产间进行转换。因此，基于新凯恩斯主义模型和金融市场一体化程度不断提高前提下，一国货币当局货币政策的可信性是影响该国货币政策能否有效调控经济、纠正市场均衡中的扭曲，以实现经济运行帕累托改进的最重要影响因素。

本书分析证明，在金融市场一体化程度不断提高过程中，建立货币政策可信性并消除通货膨胀偏差最有效方法是实施货币政策规则。而采用通货膨胀目标制是一种比工具规则更为有效的货币政策规则和承诺机制，在目标约束下，可以根据判断和其他相关信息而比较灵活地操作政策工具，不必像工具规则那样拘泥于一个固定的反应函数。因此，通货膨胀目标制比工具规则更为稳定。

三 关于金融市场一体化进程中汇率制度选择的结论

汇率作为一国货币政策的重要组成部分，对一国经济能否实现稳定增长以及对外经济平衡发挥着重要作用。因此，汇率制度的选择成为一国货币当局需解决的重要问题之一。

本书系统分析了那些与国际资本市场有较少联系的相对贫困的发展中国家汇率制度选择的理论基础，并利用面板数据的方法使这一理论获得了经验上的支持。通过理论分析和经验验证，本书认为，由于发展中国家缺乏对货币当局有效的约束机制，这会严重影响货币政策的实际执行效果，并使经济绩效处于较低水平。因此，发展中国家的货币当局会通过盯住某一低通胀货币为自己施加一种约束，从而建立起自身货币政策的可信性，以提高自己和社会公众的福利水平，使经济绩效获得改善。随着一国经济和制度的不断成熟，其与国际金融市场的联系也更为紧密，并且由于金融市场一体化进程的加快，社会公众能够对货币当局的政策选择施加更强有力的约束（社会公众可以迅速且低成本地将本币资产转换为外币资产），以防止扩张性货币政策对自身利益的损害。此时，固定汇率的可维持性和货币政策的有效性便成了更为重要的问题。因此，随着一国金融市场一体化程度的提高，它会从更为灵活的汇率制度的转变中获益。

四 关于中间汇率制度主要特点及其适用条件的结论

中间汇率制度具有内在不稳定性，其内在根源是政策制定者与社会公众之间目标存在差异性，外部诱因是经济遭受冲击的性质与强度，两者共同决定了中间汇率制度不稳定性的程度。中间汇率制度在一定条件下确实能够长期存在并维持较高经济绩效。如果处于中间汇率制度的国家遭受经济冲击单一且规模较小，则基于自身利益最大化考虑的政策制定者不会对名义汇率水平进行大幅度贬值，此时，通货膨胀以及社会公众的通胀预期均较低，政策制定者与社会公众的福利水平较高。在此种条件下，中间汇率制度能够长期维持并获得较高经济绩效。最优汇率制度选择并不必然遵循由固定到中间，再到浮动的唯一路径。如果处于中间汇率制度的国家遭受的经济冲击单一且规模较小，则中间汇率制度能够长期维持并获得较高经济绩效；如果一国经济所遭受冲击的多样性增加，强度增大，此时，中间汇率制度由于具有内在不稳定性已不再是政策制定者的最优政策选择。那些处于中间汇率制度并缺乏可信承诺机制的国家在受到大规模经济冲击时，可以暂时退回到固定汇率制度，并利用盯住低通胀货币所获得的"名义锚"稳定预期从而稳定该国经济。如果政策制定者与公众之间目标差异的程度降低，即政策制定者通过各种约束机制重建低通胀货币政策的可信性时，中间汇率制度的灵活性便不再具有吸引力，固定汇率制度所提供的"名义锚"功能也不再必要，而迈向浮动汇率制度就成为这些机制健全、经济成熟、开放度较高国家的最优选择。

五 关于金融市场一体化进程中货币政策国际协调的结论

经济全球化和金融市场一体化使世界各经济体之间的联系更加紧密，这一方面表现为经济冲击在各经济体间传导速度加快，并借助金融市场放大冲击对经济的影响；另一方面，货币政策不仅对本国经济产生影响，同时也会对其他经济体产生影响。当各国货币当局的政策行为相互影响时，货币政策的国际协调就成为一个至关重要的问题。

本书通过新凯恩斯主义模型的分析并发现，金融市场一体化使各国行为人能够便捷地利用国际金融市场上的各种金融工具分散风险，即所谓的"风险共担"，这能够使行为人平滑消费，并因此提高行为人的福利水平。但是，金融市场一体化也使各国货币政策的"溢出效应"大大增加，这增加了货币政策传导机制的复杂性并降低货币政策的有效性。理论分析发现，各国商品的替代弹性是决定货币政策"溢出效应"的重要因素，如果各国商品的替代弹性大于1，货币政策的"溢出效应"较大，此时，各国货币当局就货币政策进行国际协调会提高其货币政策的有效性和效果，并因而提高各国的福利水平。

本书通过对中国与美国间产品的阿明顿弹性的估计发现，中国从美国进口的产品与中国生产的产品以互补品为主，其替代性还不明显。因此，即使中国与美国的金融市场实现一体化，两国货币政策的溢出效应也不明显，货币政策进行国际协调的收益也不大。本书对中国与美国之间金融市场一体化的程度进行检验并发现，虽然中国金融市场一体化进程在不断加快，但总体上说，中国与美国间金融市场一体化程度还比较低。

综上所述，货币政策的国际协调目前还不是中国货币当局在制定货币政策时需重点考虑的问题，但随着中国金融市场一体化进程不断加快以及中美之间贸易结构的变化（产品的替代性增强），两国货币政策的溢出效应会不断增强，货币政策的国际协调最终将成为两货币当局不得不认真予以考虑的问题。

第二节 政策含义

本书认为，中国在资本项目不可自由兑换且国内外金融资产流动规模较小情况下，选择固定汇率可以为我国的货币政策提供"名义锚"，即通过盯住某一低通胀货币建立起货币当局反通胀的可信性，从而提高货币政策有效性。随着中国经济融入经济全球化和一体化的"快车道"，中国经济与世界经济更加紧密联系在一起，此时，大规模金融资产的跨国流动会大大限制中国货币政策的有效性——由于固定汇率制度下，大规模金融资产的跨国流动会使中国的基础货币做被动性调整，即导致货币供给的内生化，因此，中国此时应向更为灵活的汇率制度转变，以适应市场环境的变化，从而提高货币政策的有效性。但是，转向更为灵活的汇率制度会使中国的货币政策丧失"名义锚"，其低通胀货币政策的可信性也会大大降低，此时，中国货币当局可通过建立通货膨胀目标制这一货币政策规则重新建立中国货币当局反通胀货币政策的可信性，从而提高中国货币政策的有效性。虽然中国金融市场一体化进程不断加快，但一体化程度还比较低，并且中美两国的贸易结构仍以互补品为主的市场现实，货币政策国际协调仍不是中国货币当局目前需重点考虑的问题，但随着中国金融市场一体化程度的提高以及中美间产品替代性的增强，货币政策的国际协调最终将成为中国货币当局不得不认真考虑的问题。

第三节　本书的不足与未来可能的研究方向

本书以新凯恩斯主义方法为基础对金融市场一体化进程中货币政策的选择进行了较为系统的研究，但不可避免地具有各种各样的不足，并且本书对金融市场一体化进程中货币政策的研究不十分充分，在很多领域，其方向有待于更进一步研究，本书的不足以及未来可能的研究方向为：

（1）新凯恩斯主义模型的建模和求解过程较复杂，因此，大大限制了这一模型在理论研究和政策分析中的应用，而本书也未能对这一问题提出更好的解决办法。

（2）本书虽然对汇率制度的选择提供了理论上的分析并得出了确定的答案，但对中国这样一个转型经济国家而言，汇率制度如何从固定汇率向更为灵活的汇率转变及其具体的细节可能是更为重要的问题，而本书在这方面的研究还十分欠缺。

（3）本书仅对通货膨胀目标制可以帮助货币当局建立货币政策可信性从而提高货币政策绩效做出了理论上的分析，并未对通货膨胀目标制是否适用于中国以及中国建立通货膨胀目标制过程中所应注意的问题进行更进一步的分析。

（4）本书提供了对货币政策国际协调的理论分析，但并未就各国货币当局应通过何种机制以实现更为有效的政策协调，这需要进行更进一步研究。

附 录

校准和对数线性化简介

取得模型的解析解常常可以指明模型结果是否对参数值敏感,它也可以直接凸显外生变量演化过程的变动如何引起内生变量的变动以及模型中行为人改变其均衡决策规则的机制。但对于动态非线性系统,我们通常无法获得该系统的解析解(closed-form solution),也无法对该系统的特征进行直接分析,因此,可以利用校准和对数线性化技术对模型进行数值模拟,并对模型的运行特征进行分析。

一 校准

校准技术(calibration)是一种与传统计量方法不同的技术,即该技术强调将模型的模拟结果与实际数据的统计结果进行比较,进而依据差异对模型的结构和参数等进行调整,以完善模型对经济现实的解释力。使用这种方法的目的不是要做出某种趋势预测(如计量经济学模型所做的那样),而是首先按照主要的宏观经济变量构造出特殊的总量模型,然后在计算机上用一个随机技术冲击序列对这个模型进行模拟,最后将模拟结果与经济真实行为进行比较,然后再对模型参数进行"校准"。校准方法的应用,又促进了经济学实验方法和定量分析方法的发展,促进了计算机技术在经济分析中更广泛的应用。校准的基本步骤如下:

(一)选择模型中的结构参数,这些参数包括与偏好和技术有关的参数以及描述模型中随机变量分布的参数;

(二)确定时期长度,该长度与模型进行数值模拟时迭代次数相同,也与样本中观测数相同;

(三)选择初始条件,并利用状态方程、控制方程和外生方程计算模型的解；

（四）如必要，利用 HP 滤波技术对过程（三）中模拟产生的时间序列进行去势处理；

（五）利用（四）中产生的经去势的时间序列计算研究所关注各阶矩统计量，这些统计量主要包括方差和协方差这些二阶矩；

（六）重复 N 次（三）至（五），计算这些矩统计量的分布，该分布由它们的均值和标准差代表；

（七）计算样本数据的矩统计量并检验其与蒙特卡罗实验所获数据的矩统计量是否一致。

二 对数线性化

解决和分析非线性动态随机模型方法之一是用对数线性方程近似代替非线性方程。具体方法是，将方程在其稳态附近利用一阶泰勒展开式将其展开，这样就使取对数后各变量间的关系是线性的。

假定 X_t 严格为正，X 为其稳态值，则：

$$x_t \equiv \log X_t - \log X \tag{1}$$

如果 X 很小，则 $\log(1+X) \approx X$，因此，

$$x_t \equiv \log(X_t) - \log(X) = \log\left(\frac{X_t}{X}\right) = \log(1 + \% change) \approx \% change \tag{2}$$

（一）对数线性化的标准方法

有如下形式的方程，

$$f(X_t, Y_t) = g(Z_t) \tag{3}$$

X_t、Y_t 和 Z_t 均严格为正，该方程在其稳态时也成立，

$$f(X, Y) = g(Z) \tag{4}$$

要对数线性化上述方程，首先用 $X_t = \exp(\log(X_t))$ 代替，然后在方程两边取对数，

$$\log[f(e^{\log(X_t)}, e^{\log(Y_t)})] = \log[g(e^{\log(Z_t)})] \tag{5}$$

然后，将方程在其稳态 $\log(X)$、$\log(Y)$、$\log(Z)$ 附近展开，方程左侧可变为，

$$\log[f(X, Y)] + \frac{1}{f(X, Y)}\{f_1(X, Y)X[\log(X_t) - \log(X)] + f_2(X, Y)Y\log(Y_t) - \log(Y)\} \tag{6}$$

相应的，方程右侧为，

$$\log[g(Z)] + \frac{1}{g(Z)}\{g'(Z)\ Z[\log(Z_t) - \log(Z)]\} \qquad (7)$$

利用上述关系,便可得到如下对数线性化方程,

$$[f_1(X, Y)\ Xx_t + f_2(X, Y)\ Yy_t] \approx [g'(Z)\ Zz_t] \qquad (8)$$

(二) 对数线性化的简单方法

在大多数情况下,可以使用简便的方法对数线性化方程。

$$X_t = X\left(\frac{X_t}{X}\right) = Xe^{\log(\frac{X_t}{X})} = Xe^{x_t} \qquad (9)$$

在其稳态附近进行一阶泰勒展开,

$$Xe^{x_t} \approx Xe^0 + Xe^0(x_t - 0) \approx X(1 + x_t) \qquad (10)$$

同样地,

$$X_t Y_t \approx X(1 + x_t)\ Y(1 + y_t) \approx XY(1 + x_t + y_t + x_t y_t) \qquad (11)$$

由于 x_t,y_t 趋近于 0,则 $x_t y_t \approx 0$

同时,

$$\begin{aligned}
f(X_t) &\approx f(X) + f'(X)\ (X_t - X) \\
&\approx f(X) + f'(X)\ X(X_t/X - 1) \\
&\approx f(X) + f'(X)\ \eta\ (1 + x_t - 1) \\
&\approx f(X)\ (1 + \eta x_t) \\
\eta &\equiv \frac{\partial\ f(x)}{\partial\ x}\frac{x}{f(x)}
\end{aligned} \qquad (12)$$

现在,利用下面的近似方法,可以得到相应的对数线性化方程,

$$X_t \approx X(1 + x_t) \qquad (13)$$

$$X_t Y_t \approx XY(1 + x_t + y_t) \qquad (14)$$

$$f(X_t) \approx f(X)\ (1 + \eta x_t) \qquad (15)$$

新凯恩斯主义菲利普斯曲线推导

厂商要使利润最大化,要受到三方面约束。第一个约束为生产函数。为简单起见,我们省略了资本,因此,产出只是劳动投入 N_t 的函数:

$$Y_t(z) = N_t(z) \tag{1}$$

对厂商的第二个约束是每个厂商面对的需求函数,由式(3.29)给出。

$$y_t(z) = \left[\frac{p_t(z)}{P_t}\right]^{-\theta} Q_t, \quad Q_t = (C_t + C_t^* + G_t + G_t^* + Z_t + Z_t^*)/2 \tag{2}$$

第三个约束是,在每一期都有部分厂商不能调整价格。我们使用的价格黏性的设定模式来自于卡尔沃(1983)。在每一期,可以调整价格的厂商是随机抽取的,所有厂商中比例为 $1-\omega$ 的部分可以调整价格,而其余比例为 ω 的厂商不能调价。参数 ω 反映名义刚性程度的指标;ω 越大,每期可以调价的厂商越少,价格调整的预期间隔越长。那些在时期 t 可以调价的厂商会通过价格调整使当前和未来利润的预期折现值最大化。只有当厂商在时期 t 和某个未来时期 $t+s$ 之间没有机会调价时,时期 $t+s$ 的利润才会受到时期 t 价格选择的影响。出现这种情况的概率等于 ω^s。

在分析厂商的定价决策前,首先考虑其成本最小化问题,亦即在生产 $y_t(z) = N_t(z)$ 的前提下使 $W_t N_t$ 最小化。这一问题可以表示为:

$$\min_{N_t} w_t N_t + \varphi_t [y_t(z) - N_t(z)] \tag{3}$$

其中,φ_t 为厂商的名义边际成本。问题(3)的一阶条件为:

$$\varphi_t = w_t \tag{4}$$

厂商的定价决策问题就是要选择 p_{jt} 以使下列式子最大化:

$$E_t \sum_{i=0}^{\infty} \omega^i \Delta_{i,t+i} \left[\left(\frac{p_{jt}}{P_{t+i}}\right) c_{jt+i} - \varphi_{t+i} c_{jt+i}\right] \tag{5}$$

其中,折现因子 $\Delta_{i,t+i} = \beta^i \left(\frac{C_{t+i}}{C_t}\right)^{-\sigma}$。利用需求曲线(3.16)来消去 c_{jt},上述目标函数可以改写为:

$$E_t \sum_{i=0}^{\infty} \omega^i \Delta i, t+i \left[\left(\frac{p_{jt}}{P_{t+i}}\right)^{1-\theta} - \varphi_{t+i} \left(\frac{p_{jt}}{P_{t+i}}\right)^{-\theta}\right] C_{t+i} \tag{6}$$

各厂商本质上是相同的,只是他们的当前价格可能是在过去的不同时间制定的。但是,所有在时期 t 调整价格的厂商都面临相同的问题,因而制定的价格也是一样的。令 p_t^* 代表所有在时期 t 调价的厂商所选择的最优价格。那么,关于最优 p_t^* 选择的一阶条件为:

$$E_t \sum_{i=0}^{\infty} \omega^i \Delta_{i,t+i} \left[(1-\theta)\left(\frac{p_t^*}{P_{t+i}}\right) + \theta \varphi_{t+i} \right] \left(\frac{1}{p_t^*}\right) \left(\frac{p_t^*}{P_{t+i}}\right)^{-\theta} C_{t+i} = 0 \qquad (7)$$

利用 $\Delta_{i,t+i} = \beta^i \left(\frac{C_{t+i}}{C_t}\right)^{-\sigma}$,可将上式重新整理为:

$$\left(\frac{p_t^*}{P_t}\right) = \left(\frac{\theta}{\theta-1}\right) \frac{E_t \sum_{i=0}^{\infty} \omega^i \beta^i C_{t+i}^{1-\delta} \varphi_{t+i} \left(\frac{P_{t+i}}{P_t}\right)^{\theta}}{E_t \sum_{i=0}^{\infty} \omega^i \beta^i C_{t+i}^{1-\sigma} \left(\frac{P_{t+i}}{P_t}\right)^{\theta-1}} \qquad (8)$$

现在考虑所有厂商每期都能调整价格 ($\omega = 0$) 的情况,上式可以简化为:

$$\left(\frac{p_t^*}{P_t}\right) = \left(\frac{\theta}{\theta-1}\right)\varphi_t = \mu\varphi_t \qquad (9)$$

每个厂商都按照在其名义边际成本 $P_t\varphi_t$ 上加成 $\mu > 1$ 的方式制定其价格。这是垄断竞争模型的一个标准结论。由于价格超过边际成本,产出较低,缺乏效率。当价格灵活可变时,所有厂商会制定同一价格。在这种情况下,$p_t^* = P_t$ 以及 $\varphi_t = 1/\mu$。利用实际边际成本的定义,这表明在灵活价格均衡状态下有:

$$\frac{w_t}{P_t} = \frac{1}{\mu} \qquad (10)$$

但是,为了与家庭的最优化行为协调一致,实际工资必须等于闲暇和消费的边际替代率,根据正文中的式 (3.26),上述条件表明:

$$\frac{w_t}{P_t} = \frac{1}{\mu} = \frac{\chi N_t^{\eta}}{C_t^{-\sigma}} \qquad (11)$$

令 $\hat{x}_t$ 代表变量 X_t 偏离其稳态水平的百分比,令上标 f 表示灵活价格均衡,那么,对式 (11) 围绕稳定状态的近似处理可以得出,$\eta \hat{n}_t^f + \sigma \hat{C}_t^f = 0$。根据生产函数则可以得出 $\hat{y}_t = \hat{n}_t$,而且由于均衡时产出等于消费,所以 $\hat{y}_t = \hat{C}_t$。结合这些条件,灵活价格均衡产出 $\hat{Y}_t^f$ 可以表示为:

$$\hat{y}_t^f = 0 \qquad (12)$$

当价格具有黏性（$\omega>0$），产出会不同于灵活价格均衡水平。由于厂商不会每期都调价，当有机会调整价格时，就必须考虑预期的未来边际成本，又考虑当前的边际成本。式（8）说明了在现行总体价格水平为 P_t 的情况下，能够调价的厂商如何制定其价格。这一总体价格指数是两个价格的平均数，一个是比例为 $1-\omega$ 的调价厂商在时期 t 制定的价格，另一个是比例为 ω 的其余厂商以前制定价格的平均数。但是，由于调价厂商是从全体厂商中随机抽取的，不能调价厂商的平均价格是在时期 $t-1$ 全体厂商的平均价格。因此，根据式（3.15），即 $\psi_t = P_t$，时期 t 的平均价格应满足下列条件：

$$P_t^{1-\theta} = (1-\omega)(p_t^*)^{1-\theta} + \omega P_{t-1}^{1-\theta} \tag{13}$$

我们可以对式（8）和式（13）围绕平均通货膨胀为 0 的稳定状态做对数线性处理，由此得出总体通货膨胀表达式：

$$\pi_t = \beta E_t \pi_{t+1} + \tilde{k}\hat{\varphi}_t$$
$$\tilde{k} = \frac{(1-\omega)(1-\beta\omega)}{\omega} \tag{14}$$

由于名义边际成本为：

$$\varphi_t = w_t \tag{4}$$

对数线性化后，可得：

$$\hat{\varphi}_t = \hat{w}_t \tag{15}$$

利用劳动力供给式（3.26）：

$$N_t = \left(\frac{C_t^{-1/\sigma} w_t}{P_t \; k_t}\right)^{\frac{1}{(\mu-1)}} \tag{3.26}$$

将式（3.26）对数线性化后，可得：

$$\hat{w}_t = (\mu-1)\hat{n}_t + \frac{1}{\sigma}\hat{C}_t \tag{16}$$

由于 $\hat{y}_t = \hat{n}_t$、$\hat{y}_t = \hat{c}_t$，且 $\hat{y}_t^f = 0$，则式（16）可化为：

$$\hat{w}_t = (\mu+1/\sigma-1)(\hat{y}_t - \hat{y}_t^f) \tag{17}$$

将式（17）代入式（14）中，可得：

$$\pi_t = \beta E_t \pi_{t+1} + \lambda(\hat{y}_t - \hat{y}_t^f)$$
$$\lambda = (\mu+1/\sigma-1)\frac{(1-\omega)(1-\beta\omega)}{\omega} \tag{18}$$

由于 $x_t \equiv \hat{y}_t - \hat{y}_t^f$，则式（18）可转化为：

$$\pi_t = \beta E_t \pi_{t+1} + \lambda x_t$$

$$\lambda = (\mu + 1/\sigma - 1) \frac{(1-\omega)(1-\beta\omega)}{\omega} \tag{19}$$

浮动汇率下最优通货膨胀路径

浮动汇率下政府目标函数为：

$$\max \tilde{V} = \int_0^T e^{-\rho t} \left[c(\pi_t - \pi_t^e) - (a/2) \pi_t^2 \right] dt \tag{5.7}$$

求使 $\tilde{V}$ 最大化的通货膨胀路径 $\tilde{\pi}_t^*$。由于在目标函数中没有控制变量的导数，即 π_t'，所以欧拉方程采用下面形式：

$F_{\pi_t} = 0$，$F = e^{-\rho t} \left[c(\pi_t - \pi_t^e) - (a/2) \pi_t^2 \right]$

由于 $F_{\pi_t} = e^{-\rho t} [c - a\pi_t]$，且 $e^{-\rho t} \neq 0$（$\because t \in [0, T]$），所以，可得浮动汇率下最优通货膨胀路径为：

$$\tilde{\pi}_t^* = \frac{c}{a} \quad for \quad t \in [0, T] \tag{5.8}$$

而社会公众的目标是最小化其损失函数：

$$\min \lambda = \left(\frac{\pi_t - \pi_t^e}{\beta} \right)^2 + \alpha \pi_t^2 \tag{5.6}$$

将式 (5.6) 对 π_t^e 求导，可得：当 $\pi_t^e = \tilde{\pi}_t^* = \frac{c}{a}$ 时，社会公众的损失最小。

此时，政策制定者的福利水平为：

$$\tilde{V}^* = \frac{c^2(e^{-\rho T} - 1)}{a\rho} \tag{5.9}$$

社会公众的损失水平为：

$$\tilde{\lambda}^* = \alpha \left(\frac{c}{a} \right)^2 \tag{5.10}$$

固定汇率下最优通货膨胀路径

固定汇率下政策制定者的目标为：

$$\max V = \int_0^T e^{-\rho t}\left[h\left(q_0 - \int_0^t \pi_s\, ds\right) + c(\pi_t - \pi_t^e) - (a/2)\pi_t^2\right]dt \tag{5.3}$$

将此问题转化为最优控制为题求解，即：

$$\max V = \int_0^T e^{-\rho t}\left[hq_t + c(\pi_t - \pi_t^e) - (a/2)\pi_t^2\right]dt$$

s.t. $\dot{q}_t = -\pi_t$

$0, T$ 给定，且 $\pi_0 = 0$。

定义汉密尔顿函数为：

$$H = e^{-\rho t}\{[hq_t + c(\pi_t - \pi_t^e) - (a/2)\pi_t^2] - \mu \pi_t\} = e^{-\rho t}\tilde{H}$$

$\tilde{H}$ 称为现值的汉密尔顿方程，μ 为现值的汉密尔顿乘子。此时，

1. 最优性条件：

$$\frac{\partial \tilde{H}}{\partial \pi_t} = c - a\pi_t - \mu = 0$$

2. Euler 方程：

$$\dot{\mu} = \rho\mu - h$$

3. 可行条件：

$$\frac{dq_t^*}{dt} = -\pi_t,\ q(0) = q_0$$

4. 横截性条件

$$\mu^*(T) = 0$$

由最优性条件和 Euler 方程可得：

$$a\dot{\pi}_t - a\rho\pi_t + \rho c - h = 0$$

利用 Maple 6.0 计算上述微分方程可得：

$$\pi_t = \frac{c}{a} - \frac{h}{a\rho} + e^{\rho t}\_C1$$

又因为 $\pi_0 = 0$，可得：$\_C1 = \rho c/h$，因此，

$$\pi_t^* = \frac{c}{a} - \left(\frac{h}{a\rho} - \frac{\rho c}{h}e^{\rho t}\right) t \in (0, T) \tag{5.11}$$

可以证明，只要 $t \leqslant \frac{1}{\rho}\ln\frac{h^2}{ac\rho^2}$，则 $\frac{h}{a\rho} - \frac{\rho c}{h}e^{\rho t} \geqslant 0$，此时，$\pi_t \leqslant \frac{c}{a}$。因为主观贴现率值通常较小，因而 $\frac{1}{\rho}\ln\frac{h^2}{ac\rho^2}$ 为一较大的数。所以可以得出结论：固定汇率制度下的通过膨胀水平要远小于浮动汇率制度下的通货膨胀水平。

而社会公众的目标是最小化其损失函数：

$$\min \lambda = \left(\frac{\pi_t - \pi_t^e}{\beta}\right)^2 + \alpha \pi_t^2 \tag{5.6}$$

将式（5.6）对 π_t^e 求导，可得：当 $\pi_t^e = \pi_t^* = \frac{c}{a} - \left(\frac{h}{a\rho} - \frac{\rho c}{h}e^{\rho t}\right)$ 时，社会公众的损失最小。相应的，政策制定者的福利水平为：

$$V^* = \int_0^T e^{-\rho t}\left[h\left(q_0 - \int_0^t \pi_s^* ds\right) - (a/2)\pi_t^{*2}\right]dt \tag{5.12}$$

社会公众的损失水平为：

$$\lambda^* = \alpha(\pi_t^*)^2 \tag{5.13}$$

由于 $\pi_t^* = c/a$，所以，显而易见，$\lambda^* < \tilde{\lambda}$。

而政策制定者在固定汇率和浮动汇率下福利水平差异为：

$$V^* - \tilde{V}^* = \int_0^T e^{-\rho t}\left[h\left(q_0 - \int_0^t \pi_s^* ds\right) + (a/2)(\tilde{\pi}_t^{*2} - \pi_t^{*2})\right]dt$$

在上式中，由于前已证明，$\pi_t^* = \tilde{\pi}_t^*$，所以 $V^* - \tilde{V}^* > 0$。因此，$V^* > \tilde{V}^*$。

参考文献

[1] 阿伦·德雷泽:《宏观经济学中的政治经济学》,杜两省、史永东等译,经济科学出版社 2003 年版。

[2] 艾格·贝克、布赖恩·查普:《发达国家资本账户自由化的经验》,中国金融出版社 2006 年版。

[3] 陈全功:《开放条件下我国货币政策的国际协调》,《财经研究》2003 年第 11 期。

[4] 大卫·罗默:《高级宏观经济学》影印版,上海财经大学出版社 2001 年版。

[5] 郭灿:《金融市场一体化程度的衡量方法及平价》,《国际金融研究》2004 年第 9 期。

[6] 胡代光:《新凯恩斯主义经济学的核心命题、政策含义和对它的评析》,《经济学动态》1998 年第 2 期。

[7] 黄淑兰:《金融创新背景下我国货币政策中介目标的选择》,《贵州工业大学学报》(社会科学版)2007 年第 3 期。

[8] 黄志刚:《中间汇率制度下货币、财政政策效应比较及政策建议》,《技术经济》2009 年第 4 期。

[9] 蒋中一:《动态最优化基础》,王永宏译,中国商务出版社 2003 年版。

[10] 蒋中一:《数理经济学的基本方法》,刘学译,中国商务出版社 2002 年版。

[11] 卡尔·沃什:《货币理论与政策》,周继忠译,上海财经大学出版社 2004 年版。

[12] 李春吉:《理解货币政策:新凯恩斯主义观点》,《南京财经大学学报》2004 年第 3 期。

[13] 李扬、张晓晶:《中国宏观经济政策再思考》,《比较》2013 年第

3 期。

[14] 刘澄：《中国货币政策实证研究》，博士后出站报告，东北财经大学，2001 年。

[15] 路继业、杜两省：《货币政策可信性与汇率制度选择：基于新政治经济学的分析》，《经济研究》2010 年第 8 期。

[16] 路继业：《外部需求冲击、美联储政策取向与中国通货膨胀动态》，《国际金融研究》2014 年第 7 期。

[17] 米尔顿·弗里德曼：《货币数量论研究》，中国社会科学出版社 2001 年版。

[18] 佩尔森·塔贝里尼：《政治经济学：对经济政策的解释》，中国人民大学出版社 2006 年版。

[19] 普拉萨德、罗戈夫：《金融全球化对发展中国家的影响：实证研究成果》，中国金融出版社 2004 年版。

[20] 孙立坚：《新政治经济学视野下的汇率制度选择——非均衡的人民币汇率形成机制研究》，《上海财经大学学报》2005 年第 5 期。

[21] 孙丽：《通货膨胀目标制：理论与实践》，博士学位论文，华东师范大学，2007 年。

[22] 谭旭东：《中国货币政策的有效性问题——基于政策时间不一致性的分析》，《经济研究》2008 年第 9 期。

[23] 王大树：《对货币时滞的测算与分析》，《经济研究》1995 年第 3 期。

[24] 王高雄等：《常微分方程》，高等教育出版社 1983 年版。

[25] 王胜、邹恒甫：《开放经济中的货币政策》，《管理世界》2006 年第 2 期。

[26] 王胜：《新开放宏观经济学发展综述》，《金融研究》2006 年第 1 期。

[27] 王胜：《新开放经济宏观经济学理论和研究》，博士学位论文，武汉大学，2005 年。

[28] 阎洁：《经济一体化与金融一体化对货币政策的影响》，《科技情报开发与经济》2004 年第 2 期。

[29] 易纲：《全球金融一体化下的金融体制改革与货币政策》，《经济界》2001 年第 2 期。

[30] 约翰·梅纳德·凯恩斯：《就业、利息和货币通论》，商务印书馆1963年版。

[31] 张广现：《最优货币政策规则理论及应用研究》，博士学位论文，首都经济贸易大学，2006年。

[32] 张赢：《金融市场、商品市场一体化与货币、财政政策的有效性》，《管理世界》2006年第9期。

[33] 曾利飞等：《开放经济下中国新凯恩斯混合菲利普斯曲线》，《数量经济技术经济研究》2006年第3期。

[34] 郑栋：《中国金融对外一体化实证研究》，《国际金融研究》2000年第6期。

[35] Aasim M. Husain, Ashoka Mody, Kenneth S. Rogoff, "Exchange Rate Regime Durability and Performance in Developing versus Advanced Economies", *Journal of Monetary Economics*, Vol. 52, No. 1, 2005.

[36] Agnès Bénassy-Quéré, Véronique Salins, "A Case for Intermediate Exchange Rate Regimes", *CEPII Working Paper*, No. 2010 – 14, 2010.

[37] Alan Sutherland, "Financial Market Integration and Macroeconomic Volatility", *Scandinavian Journal of Economics*, Vol. 98, No. 4, 1996.

[38] Alan Sutherland, "International Monetary Policy Coordination and Financial Market Integration", *Mimeo*, 2004.

[39] Andre Minella, "Essays on Monetary Policy and Inflation", A Dissertation for the Degree of Doctor of Philosophy, New York University, 2001.

[40] Atish R. Ghosh, Anne-Marie Gulde, Holger C. Wolf, Exchange Rate Regimes: Choices and Consequences, Cambridge, MA: The MIT Press, 2002.

[41] Barry Eichengreen, "Exchange Rate Regimes and Capital Mobility: How Much of the Swoboda Thesis Survives?", *NBER Working Paper*, No. 14100, 2008.

[42] Barry Eichengreen, "International Monetary Arrangements for the 21th Century", Washington D. C.: Brookings Institution, 1994.

[43] Barry Eichengreen, Raul Razo-Garcia, "The International Monetary System in the Last and Next 20 years", *Economic Policy*, Vol. 21, No. 47, 2006.

［44］ Barry Eichengreen, Ricardo Hausmann, "Exchange Rates and Financial Fragility", *NBER Working Paper*, No. 7418, 1999.

［45］ Ben S. Bernanke, "The Logic of Monetary Policy", *Mimeo*, 2004.

［46］ Ben S. Bernanke, "Globalization and Monetary Policy", At the Fourth Economic Summit, Standford Institute for Economic Policy Research, 2007.

［47］ Ben S. Bernanke, Ilian Mihov, "Measuring Monetary Policy", *Quarterly Journal of Economics*, Vol. 113, No. 3, 1998.

［48］ Bennett McCallum, Edward Nelson, "An Optimizing IS-LM Specification for Monetary Policy and Business Cycle Analysis", *Journal of Money, Credit and Banking*, Vol. 31, No. 3, 1999.

［49］ Bennett T. McCallum, "Recent Developments in the Analysis of Monetary Policy Rules", *Mimeo*, 1999.

［50］ Boothe, Paul Michael, "International Asset Substitutability, Theory and Evidence for Canada", Bank of Canada, 1985.

［51］ Campbell Leith, "The New Keynesian Model of Monetary Policy", *Mimeo*, 2005.

［52］ Carl E. Walsh, "Monetary Theory and Policy", Cambridge: MIT Press, 2003.

［53］ Caroline Betts, Miachael B. Devereux, "Exchange Rate Dynamics in a Model of Pricing-to-Market", *Journal of International Economics*, Vol. 50, 2000.

［54］ Caroline Betts, Michael B. Devereux, The Exchange Rate in a Model of Pricing-to-Market, *European Economic Review*, Vol. 40, No. 3-5, 1996.

［55］ Charles Wyplosz, "Capital Controls and Balance of Payments Crises", *Journal of International Money and Finance*, Vol. 5, No. 2, 1986.

［56］ David Malin Roodman, "A Note on the Theme of Too Many Instruments", *Oxford Bulletin of Economics and Statistics*, Vol. 71, No. 1, 2009.

［57］ David Romer, "Openness and Inflation: Theory and Evidence", *Quarterly Journals of Economics*, Vol. 108, No. 4, 1993.

［58］ Donald L. Kohn, "The Effects of Globalization on Inflation and Their Implications for Monetary Policy", Board of Governors of the Federal Reserve System, *Mimeo*, 2006.

[59] Edwards, S., "Exchange Rate Regims, Capital Flows and Crisis Prevention", *NBER Working Paper*, No. 8529, 2001.

[60] Eric Van Wincoop, "Welfare Gains from International Risk Sharing", *Journal of Monetary Economics*, Vol. 34, 1994.

[61] Eswar Prasad, Kenneth Rogoff, Shang-Jin Wei, M. Ayhan Kose, "Effects of Globalization on Developing Countries: Some Empirical Evidence", *International Monetary Fund*, 2004.

[62] Fabrizio Carmignani, Emilio Colombo, Patrizio Tirelli, "Exploring Different Views of Exchange Rate Regime Choice", *Journal of International Money and Finance*, Vol. 27, No. 7, 2008.

[63] Finn E. Kydland, Edward C. Prescott, "Rules Rather Than Discretion: The Inconsistency of Optimal Plans", *The Journal of Political Economy*, Vol. 85, No. 3, 1977.

[64] Francesco Caramazza, Kevin Clinton, Agathe Côté, David Longworth, "International Capital Mobility and Asset Substitutability, Some Theory and Evidence on Recent Structural Changes", Technical Report, No. 44, Bank of Canada, 1986.

[65] Francesco Giavazzi, Marco Pagano, "The Advantage of Tying One's Hands: EMS Discipline And Central Bank Credibility", *European Economic Review*, Vol. 32, No. 5, 1988.

[66] George M. Von Furstenberg, "From Worldwide Capital Mobility to International Financial Integration: A Review Essay", *Open Economies Review*, Vol. 9, No. 1, 1998.

[67] Giancarlo Corsetti, Paolo Pesenti, "Welfare and Macroeconomic Interdependence", *The Quarterly Journal of Economics*, Vol. 116, No. 2, 2001.

[68] Gilles Oudiz, Jeffery Sachs, "Macroeconomic Policy Coordination among the Industrial Economies", *Brookings Papers on Economic Activity*, 1984.

[69] Graham Bird, Dane Rowlands, "Exchange Rate Regimes In Developing and Emerging Economies and the Incidence of IMF Programs", *World Development*, Vol. 37, No. 12, 2009.

[70] Guillermo A. Calvo, "Fixed Versus Flexible Exchange Rates: Preliminaries of A Turn-Of-MilleniumRematch", *University of Maryland Working Paper*, 1999.

[71] Guillermo A. Calvo, "Staggered Prices in a Utility Maximizing Framework", *Journal of Monetary Economics*, Vol. 12, No. 3, 1983.

[72] Guillermo A. Calvo, Carmen M. Reinhart, "Fear of Floating", *The Quarterly Journal of Economics*, Vol. 117, No. 2, 2002.

[73] Harald Uhlig, "A Toolkit for Analyzing Nonlinear Dynamic Stochastic Models Easily", Institute for Empirical Macroeconomics Federal Reserve Bank of Minneapolis, Discussion Paper 101, 1995.

[74] Herschel I. Grossman, John B. Van Huyck, "Seigniorage, Inflation and Reputation", *Journal of Monetary Economics*, Vol. 18, No. 1, 1986.

[75] Huw D. Dixon, Imperfect Competition and Open-Economy Macroeconomics, Handbook of International Macroeconomics, 1993.

[76] IMF, Exchange Arrangements and Foreign Exchange Markets: Developments and Issues, World Economic and Financial Surveys, 2003.

[77] James M. Fleming, "Domestic Financial Policies under Fixed and under Floating Exchange Rates", *IMF Staff Papers*, Vol. 9, 1962.

[78] Janet L. Yellen, "Monetary Policy in a Global Environment", *Mimeo*, 2006.

[79] Jeffrey A. Frankel, "Measuring International Capital Mobility: A Review", *American Economic Review*, Vol. 82, No. 2, 1992.

[80] Jeffrey A. Frankel, Alan T. MacArthur, "Political vs. Currency Premia In International Real Interest Differentials: A Study of Forward Rates for 24 Countries", *NBER Working Paper*, No. 2309, 1988.

[81] Jeffrey A. Frankel, Katharine E. Rockett, "International Macroeconomic Policy Coordination When Policymakers Do Not Agree on the True Model", *American Economic Review*, Vol. 78, No. 3, 1988.

[82] John Bryan Taylor, Discretion versus Policy Rules in Practice", Carnegie-Rochester Conference Series on Public Policy, Vol. 39, 1993.

[83] John Bryan Taylor, "Implications of Globalization for Monetary Policy", Academic Consultants Meeting, Federal Reserve Board, 2006.

[84] John M. Roberts, "Monetary Policy and Inflation Dynamics", Federal Reserve Board Finance and Economics Discussion Series Paper, No. 62, 2004.

[85] Jordi Gali, "New Perspectives on Monetary Policy, Inflation and The Business Cycle", *NBER Working Paper*, No. 8767, 2002.

[86] Jordi Gali, Mark Gertler, "Inflation Dynamics: A Structural Econometric Analysis", *Journal of Monetary Economics*, Vol. 44, No. 2, 1999.

[87] Julio J. Rotemberg, Michael Woodford, "An Optimization-Based Econometric Framework For The Evaluation of Monetary Policy: Expanded Version", *NBER Working Paper*, No. 233, 1998.

[88] Karen K. Lewis, "What Can Explain the Apparent Lack of International Consumption Risk Sharing?", *Journal of Political Economy*, Vol. 104, No. 2, 1996.

[89] Kenneth Rogoff, "The Optimal Degree of Commitment to an Intermediate Monetary Target", *Quarterly Journal of Economics*, Vol. 100, No. 4, 1985.

[90] Koichi Hamada, "A Strategic Analysis of Monetary Interdependence", *Journal of Political Economy*, Vol. 84, No. 4, 1976.

[91] Koichi Hamada, Alternative Exchange Rate Systems and the Interdependence of Monetary Policies, Chicago: University Chicago Press, 1974.

[92] Lars E. O. Svensson, Sweder Van Wijnbergen, "Excess Capacity, Monopolistic Competition and International Transmission of Monetary Disturbances", *Economic Journal*, Vol. 99, No. 397, 1989.

[93] Lars E. O. Svensson, "Inflation Targeting as a Monetary Policy Rule", *Journal of Monetary Economics*, Vol. 43, No. 3, 1999.

[94] Lars E. O. Svensson, "Inflation Targeting: Should It Be Modeled as an Instrument rule or a targeting rule?", *European Economic Review*, Vol. 46, No. 4 – 5, 2002.

[95] Lars E. O. Svensson, Sweder van Wijnbergen, "Excess Capacity, Monopolistic Competition, and International Transmission of Monetary Disturbances", *Economic Journal*, Vol. 99, No. 2, 1989.

[96] Lars Peter Hansen, "Stochastic Consumption, Risk Aversion, and the

Temporal Behavior of Asset Returns", *Journal of Political Economy*, Vol. 91, No. 2, 1983.

[97] Manuel Arellano, Olympia Bover, "Another Look at The Instrumental Variable Estimation of Error-Component Models", *Journal of Econometrics*, Vol. 68, No. 1, 1995.

[98] Marianne Baxter, Alan C. Stockman, "Business Cycles and the Exchange-rate Regime: Some International Evidence", *Journal of Monetary Economics*, Vol. 23, No. 3, 1989.

[99] Martin Feldstein, "Has the Rate of Investment Fallen?", *The Review of Economics and Statistics*, Vol. 65, No. 1, 1983.

[100] Matthew B. Canzoneri, Robert E. Cumby, Behzad T. Diba, "The Need for International Policy Coordination: What's Old, What's New, What's yet to Come?", *Journal of International Economics*, Vol. 66, 2005.

[101] Maurice Obstfeld, "How Integrated Are World Capital Markets? Some New Tests", *NBER Working Paper*, No. 2075, 1989.

[102] Maurice Obstfeld, "Rational and Self-Fulfilling Balance-of-Payments Crises", *American Economic Review*, Vol. 76, No. 1, 1986.

[103] Maurice Obstfeld, "Risk-Taking, Global Diversification and Growth", *American Economic Review*, Vol. 84, No. 5, 1994.

[104] Maurice Obstfeld, Kenneth Rogoff, "Exchange Rate Dynamics Redux", *Journal of Political Economy*, Vol. 103, No. 3, 1995.

[105] Maurice Obstfeld, Kenneth Rogoff, "Global Implications of Self-Oriented National Monetary Rules", *The Quarterly Journal of Economics*, Vol. 117, No. 2, 2002.

[106] Maurice Obstfeld, Kenneth Rogoff, *Foundations of International Macroeconomics*, Cambridge: MIT Press, 1996.

[107] Mervyn King, *What Has Inflation Targeting Achieved?*, Chicago: University of Chicago Press, 2005.

[108] Michael D. Bordo, "Exchange Rate Regime Choice in Historical Perspective", *IMF Working Paper*, No. 03160, 2003.

[109] Michael Woodford, "Inflation Targeting and Optimal Monetary Policy", Federal Reserve Bank of St. Louis Review, Vol. 86, 2004.

[110] Michael Woodford, "*Interest and Prices: Foundations of A Theory of Monetary Policy*", Princeton: Princeton University Press, 2003.

[111] Michael Woodford, "Revolution and Evolution in Twentieth-Century Macroeconomics", *Mimeo*, 1999.

[112] Milton Friedman, "A Monetary and Fiscal Framework for Economic Stability", *American Economic Review*, Vol. 38, No. 3, 1948.

[113] Milton Friedman, "The Definition of Money: Net Wealth and Neutrality as Criteria", *Journal of Money, Credit and Banking*, Vol. 1, No. 1, 1969.

[114] Milton Friedman, "The Demand for Money: Some Theoretical and Empirical Results", *American Economic Review*, Vol. 49, No. 2, 1959.

[115] Milton Friedman, *The Case for Flexible Exchange Rates*, Chicago: University of Chicago Press, 1953.

[116] Morris Goldstein, Mussa Michael, "The Integration of World Capital Markets", *IMF Working Paper*, 1993.

[117] N. Gregory Mankiw, Ricardo Reis, "Sticky Information versus Sticky Prices: A Proposal to Replace the New Keynesian Phillips Curve", *The Quarterly Journal of Economics*, Vol. 117, No. 4, 2002.

[118] Ozge Senay, "The Effects of Goods and Financial Market Integration on Macroeconomic Volatility", *The Manchester School Supplement*, 1998.

[119] Paul Krugman, "The Return of Depression Economics", *Foreign Affairs*, Vol. 78, No. 1, 1999.

[120] Paul Robert Masson, "Exchange Rate Regime Transitions", *Journal of Development Economics*, Vol. 64, No. 2, 2001.

[121] Paul S. Armington, "A Theory of Demand for Products Distinguished by Place of Production", *IMF Staff Papers*, Vol. 16, 1969.

[122] Pierpaolo Benigno, "Price Stability with Imperfect Financial Integration", New York University and CEPR, *Mimeo*, 2001.

[123] Ricardo Hausmann, Ugo Panizza, Ernesto H. Stein, "Why Do Countries Float the Way They Float?", *Journal of Development Economics*, Vol. 66, No. 2, 2001.

[124] Richard Blundell, Stephen Bond, "Initial Conditions and Moment Re-

strictions in Dynamic Panel Data Models", *Journal of Econometrics*, Vol. 87, No. 1, 1998.

[125] Richard Clarida, Jordi Gali, Mark Gertler, "A Simple Framework for International Monetary Policy Analysis", *Journal of Monetary Economics*, Vol. 49, No. 5, 2002.

[126] Richard Clarida, Jordi Gali, Mark Gertler, "The Science of Monetary Policy: A New Keynesian Perspective", *Journal of Economic Literature*, Vol. 37, No. 2, 1999.

[127] Richard Herring, Robert E. Litan, Financial Regulation in the Global Economy, Washington: The Brookings Institution, 1995.

[128] Robert Alan Feldman, *Japanese Financial Markets, Deficits, Dilemmas, and Deregulation*, Cambridge, MA: The MIT Press, 1986.

[129] Robert A. Mundell, "A Theory of Optimum Currency Areas", *The American Economic Review*, Vol. 51, No. 4, 1961.

[130] Robert A. Mundell, "Capital Mobility and Stabilization Policy Under Fixed and Flexible Exchange Rates", *The Canadian Journal of Economics and Political Science*, Vol. 29, No. 4, 1963.

[131] Robert E. Hall, "Intertemporal Substitution in Consumption", *Journal of Political Economy*, Vol. 96, No. 2, 1988.

[132] Robert E. Lucas Jr., "Econometric Policy Evaluation: A Critique", *Journal of Monetary Economics*, Vol. 1, No. 1, 1976.

[133] Robert J. Barro, "Inflationary Finance under Discretion and Rules", *Canadian Journal of Economics*, Vol. 16, No. 1, 1983.

[134] Robert J. Barro, David B. Gordon, "A Positive Theory of Monetary Policy in A Natural Rate Model", *Journal of Political Economy*, Vol. 91, No. 4, 1983.

[135] Robert J. Barro, David B. Gordon, "Rules, Discretion and Reputation in a Model of Monetary Policy", *Journal of Political Economy*, Vol. 12, No. 1, 1985.

[136] Ronald I. McKinnon, "Optimum Currency Areas", *The American Economic Review*, Vol. 53, No. 4, 1963.

[137] Rudiger Dornbusch, "Exchange Rates and the Choice of Monetary-Poli-

cy Regimes", *American Economic Review*, Vol. 91, No. 2, 2001.

[138] Rudiger Dornbusch, "Expectations and Exchange Rate Dynamics", *Journal of Political Economy*, Vol. 84, No. 6, 1976.

[139] Sebastian Edwards, "Dollarization: Myths and Realities", *Journal of Policy Modeling*, Vol. 23, No. 3, 2001.

[140] Sebastian Edwards, "Exchange Rate Regimes, Capital Flows andv Crisisv Prevention", *NBER Working Paper*, No. 8529, 2001.

[141] Stanley Fischer, "Distinguished Lecture on Economics in Government: Exchange Rate Regimes: Is the Bipolar View Correct?", *The Journal of Economic Perspectives*, Vol. 15, No. 2, 2001.

[142] Stanley Fischer, "Time Consistent Monetary and Fiscal Policies: A Survey", *Mimeo*, 1986.

[143] Stanley Fischer, "Seigniorage and the Case for a National Money", *Journal of Political Economy*, Vol. 90, No. 2, 1982.

[144] Svensson, L. E. O., "What is wrong with Tayor Rules? Using Judgement in Monetary Policy through Targeting Rules", *Journal of Economic Literatute*, Vol. 41, 2003.

[145] Sylvester C. W. Eijffinger, Jan J. G. Lemmen, "Short-term and Long-Term Government Debt and Nonresident Interest Withholding Taxes", *Journal of Public Economics*, Vol. 68, No. 2, 1998.

[146] Sylvester C. W. Eijffinger, Jan J. G. Lemmen, "The Quantity Approach to Financial Integration: The Feldstein-Horioka Criterion Revisited", *Open Economies Review*, Vol. 6, No. 1, 1995.

[147] Sylvester C. W. Eijffinger and Jan J. G. Lemmen, "International financial integration", Cheltenham, England: Edward Elgar Publication, 2003.

[148] Tack Yun, "Nominal Price Rigidity, Money Supply Endogeneity and Business Cycles", *Journal of Monetary Economics*, Vol. 37, No. 2, 1996.

[149] Tamim Bayoumi, Ronald MacDonald, "Consumption, Income, and International Capital Market Integration", *IMF Staff Papers*, Vol. 42, 1995.

[150] Thomas Plümper, Vera E. Troeger, "Fear of Floating and The External Effects of Currency Unions", *American Journal of Political Science*,

Vol. 52, No. 3, 2008.

[151] V. V. Chari, Patrick J. Kehoe, Ellen R. McGrattan, "Can Sticky Price Models Generate Volatile and Persistent Real Exchange Rates", Staff Report No. 223, Minneapolis Federal Reserve Bank, 1998.